高等学校"十二五"规划教材·土木工程系列

装饰装修工程概预算与工程量清单计价

张　毅　佟　芳　主　编
米胜国　张　端　副主编

哈尔滨工业大学出版社

内容提要

本书主要包括绪论、装饰装修设计概算、装饰装修工程定额计价、装修面积的计算、装饰装修工程量清单计价、装饰装修工程工程量计算规划及装饰装修工程造价的其他工作等内容。

本书可作为高等学校土木工程、工程造价及相关专业的教材和参考用书,也可供相关专业研究及工程设计人员参考。

图书在版编目(CIP)数据

装饰装修工程概预算与工程量清单计价/张毅主编——哈尔滨:哈尔滨工业大学出版社,2010.1(2016.8 重印)
ISBN 978 - 7 - 5603 - 2982 - 6

Ⅰ.①装… Ⅱ.①张… Ⅲ.①建筑装饰-建筑概算定额②建筑装饰-建筑预算定额③建筑装饰-工程造价 Ⅳ.①TU723.3

中国版本图书馆 CIP 数据核字(2009)第 232189 号

责任编辑	郝庆多
封面设计	张孝东
出版发行	哈尔滨工业大学出版社
社　　址	哈尔滨市南岗区复华四道街 10 号　邮编 150006
传　　真	0451 - 86414749
网　　址	http://hitpress.hit.edu.cn
印　　刷	黑龙江省地质测绘印制中心
开　　本	787mm×1092mm　1/16　印张 12　字数 280 千字
版　　次	2010 年 1 月第 1 版　2016 年 8 月第 6 次印刷
书　　号	ISBN 978 - 7 - 5603 - 2982 - 6
定　　价	25.00 元

(如因印装质量问题影响阅读,我社负责调换)

前 言

我国的建筑装饰装修业经过多年的飞跃发展，显示出它是同经济发展和社会进步紧密联系的一个新行业，是社会分工专业化发展中崛起的一个焕发活力和生机的行业，它不仅为国家、社会创造了大量的物质财富，同时带动了众多行业的发展，拉动了社会需求，推动了社会消费，还解决了上千万人的就业问题，在国民经济和社会发展中占有日益重要的地位。

随着我国加入 WTO，建设市场进一步对外开放，形势要求我们必须尽快建立起与国际惯例接轨的工程造价管理体制和计价模式。为推动装饰装修工程量清单计价方法的切实实施，确保工程造价改革顺利进行，我们结合最新规范《建设工程概预算与工程量清单计价》(GB50500—2008)，组织编写了这本《装饰装修工程概预算与工程量清单计价》教材。

本书主要包括绪论、装饰装修设计概算、装饰装修工程定额计价、建筑面积的计算、装饰装修工程量清单计价、装饰装修工程工程量计算规则以及装饰装修工程造价的其他工作。本书以现行的最新规范、法规、标准和定额为依据，尤其是以《建设工程工程量清单计价规范》(GB 50500—2008)为基本依据。该书覆盖面广，内容丰富，案例经典，通俗易懂。

本书由大连民族学院张毅和天津工程职业技术学院佟芳、米胜国、张端、王雁、郭庆竹共同编写，其中张毅、佟芳任主编，米胜国、张端任副主编。具体编写分工如下：张毅负责第1、2章；米胜国负责第3章；张端负责第4章及第6章6.7节；佟芳负责第5、7章；王雁负责第6章6.1～6.3节；郭庆竹负责6.4～6.6节；刘欣、石晓朋负责全书资料的整理、校对工作。

本书在编写过程中参阅和借鉴了许多优秀书籍、专著和有关文献资料，并得到了有关领导和专家的帮助，在此一并致谢。

编 者
2016.6

目 录

第1章 绪 论 ... 1
1.1 工程建设概述 ... 1
1.2 装饰装修工程概述 ... 4
1.2.1 装饰装修工程的概念 ... 4
1.2.2 装饰装修工程等级和标准 ... 5
1.2.3 装饰装修工程的分类 ... 6
1.2.4 装饰装修工程的内容 ... 7

第2章 装饰装修设计概算 ... 10
2.1 概 述 ... 10
2.2 概算定额和概算指标 ... 13
2.2.1 概算定额 ... 13
2.2.2 概算指标 ... 14

第3章 装饰装修工程定额计价 ... 16
3.1 定额概述 ... 16
3.2 预算定额 ... 18
3.2.1 预算定额的概念及组成 ... 18
3.2.2 预算定额的分类 ... 20
3.2.3 预算的编制方式和步骤 ... 22
3.2.4 预算定额指标的确定 ... 25
3.2.5 预算定额换算 ... 29
3.2.6 装饰装修工程各费用 ... 33
3.3 装饰装修工程企业定额 ... 40

第4章 建筑面积的计算 ... 44
4.1 建筑面积的概述 ... 44
4.2 建筑面积计算规则及示例 ... 46
4.2.1 建筑面积计算规则 ... 46
4.2.2 计算示例 ... 53

第5章 装饰装修工程量清单计价 ... 58
5.1 工程量清单计价概述 ... 58
5.2 工程量清单编制 ... 63

5.2.1　分部分项工程量清单 …………………………………… 63
　　　5.2.2　措施项目清单 …………………………………………… 65
　　　5.2.3　其他项目清单 …………………………………………… 67
　　　5.2.4　规费项目清单 …………………………………………… 69
　　　5.2.5　税金项目清单 …………………………………………… 69
　5.3　工程量清单计价 ……………………………………………… 69
　　　5.3.1　一般规定 ………………………………………………… 69
　　　5.3.2　招标控制价 ……………………………………………… 70
　　　5.3.3　投标价 …………………………………………………… 71
　　　5.3.4　工程合同价款的约定 …………………………………… 72
　　　5.3.5　工程计量与价款支付 …………………………………… 72
　　　5.3.6　索赔与现场签证 ………………………………………… 73
　　　5.3.7　工程价款调整 …………………………………………… 74
　　　5.3.8　竣工结算 ………………………………………………… 75
　　　5.3.9　工程计价争议处理 ……………………………………… 76
　5.4　清单计价表格形式 …………………………………………… 77

第6章　装饰装修工程工程量计算规则 …………………………… 101
　6.1　工程量计算基本原理 ………………………………………… 101
　6.2　楼地面工程 …………………………………………………… 104
　　　6.2.1　定额说明 ………………………………………………… 104
　　　6.2.2　基础定额工程量计算规则 ……………………………… 105
　　　6.2.3　工程量清单项目设置及工程量计算规则 ……………… 106
　6.3　墙、柱面工程 ………………………………………………… 116
　　　6.3.1　定额说明 ………………………………………………… 116
　　　6.3.2　基础定额工程量计算规则 ……………………………… 118
　　　6.3.3　工程量清单项目设置及工程量计算规则 ……………… 119
　6.4　天棚工程 ……………………………………………………… 127
　　　6.4.1　定额说明 ………………………………………………… 127
　　　6.4.2　基础定额工程量计算规则 ……………………………… 127
　　　6.4.3　工程量清单项目设置及工程量计算规则 ……………… 128
　6.5　门窗工程 ……………………………………………………… 134
　　　6.5.1　定额说明 ………………………………………………… 134
　　　6.5.2　基础定额工程量计算规则 ……………………………… 134
　　　6.5.3　工程量清单设置及工程量计算规则 …………………… 135
　6.6　油漆、涂料、裱糊工程 ……………………………………… 143
　　　6.6.1　定额说明 ………………………………………………… 143
　　　6.6.2　基础定额工程量计算规则 ……………………………… 144
　　　6.6.3　工程量清单设置及工程量计算规则 …………………… 147

6.7 其他工程 …………………………………………………………………… 152
　6.7.1 定额说明 …………………………………………………………… 152
　6.7.2 基础定额工程量计算规则 ………………………………………… 152
　6.7.3 工程量清单设置及工程量计算规则 ……………………………… 154

第7章 装饰装修工程造价的其他工作 …………………………………… 160
7.1 装饰装修工程招投标 ……………………………………………………… 160
　7.1.1 招投标制度 ………………………………………………………… 160
　7.1.2 装饰工程开标、评标 ……………………………………………… 164
　7.1.3 装饰工程投标报价 ………………………………………………… 167
7.2 装饰装修工程承包合同 …………………………………………………… 172
7.3 装饰装修施工预算 ………………………………………………………… 175
7.4 装饰装修工程结算和竣工决算 …………………………………………… 178
　7.4.1 工程结算 …………………………………………………………… 178
　7.4.2 竣工决算 …………………………………………………………… 182

参考文献 ……………………………………………………………………………… 183

第1章 绪 论

1.1 工程建设概述

工程建设是指固定资产扩大再生产的新建、改建、扩建、恢复工程及与之连带的工作。它是通过建筑业的勘察、设计、施工和安装等活动来实现的。内容有建筑工程、安装工程、设备和工器具的购置以及其他建设工作。工程建设是国民经济的重要组成部分,是发展国民经济的物质技术基础,是实现社会主义扩大再生产的重要手段,在社会主义现代化建设中占据重要地位。工程建设的实质是形成新的固定资产的经济活动。

为了便于管理和核算,凡列为固定资产的劳动资料,一般应同时具备两个条件:
(1)使用期限在一年以上。
(2)单位价值在规定的限额以上。
不同时具备上述两个条件的应列为低值易耗品。

1. 工程建设的内容

(1)建筑工程 建筑工程主要有各种建筑物的新建、改建和恢复工程。例如,厂房、住宅、学校、医院、道路、桥梁、码头等建筑物和构筑物的建设。

(2)设备和工器具的购置 例如,生产、动力、起重、运输、实验、医疗等设备、工具和器具的购置。

(3)安装工程 安装工程主要指以上设备的装配和安装。

(4)其他工程建设工作 其他工程建设工作是指与上述工程建设工作有关的与此相联系的工作。例如,勘测设计、筹建机构、土地征用、干部工人培训、生产准备等工作。

2. 工程建设的分类

工程建设是由若干个具体建设项目组成,根据不同的分类标准,工程建设项目大致可分为以下几类:

(1)按建设性质不同分类 可划分为建设项目和更新改造项目两大类。

①建设项目:是指投资建设用于以扩大生产能力,或增加工程效益为目的的新建、改建、扩建、恢复的工程项目。

②更新改造项目:是指建设资金用于对企业、事业单位原有设施进行技术改造或固定资产更新的工程项目。

(2)按投资作用分类 可划分为生产性建设项目和非生产性建设项目两大类。

①生产性建设项目:是指直接用于物质生产,或直接为物质生产服务的建设项目。例如,工业建设、农业建设、基础设施建设等。

②非生产性建设项目:是指用于满足人民物质和文化、福利需要的建设和非物质生产

部门的建设项目。例如,办公用房、居住用房、公共建筑等。

(3)按项目规模分类　基本建设项目划分为大、中、小型三类;更新改造项目划分为限额以上和限额以下两类。

3. 建设工程的组成

建设工程,按其组成的内容不同,可分为建设项目、单项工程、单位工程、分部工程、分项工程。了解建设工程各个组成部分,对工程造价的确定具有重要的作用。

(1)建设项目　建设项目是指在一个场地或几个场地上按一个总体设计进行施工的各类房屋建筑、土木工程、设备安装、管道、线路敷设、装饰装修等固定资产投资的新建、改建、扩建等各个单项工程的总和。其特征是每一个建设项目都编制有设计任务书、独立的总体设计、独立的经济核算,建设单位在行政上具有独立的组织形式和法人资格。例如,某个工厂建设、学校建设等。

(2)单项工程　单项工程是建设项目的组成部分。单项工程是指在一个建设项目中,具有独立的设计文件,竣工后可以独立发挥生产能力或使用效益的项目。例如,生产车间、学生宿舍、办公楼等。

(3)单位工程　单位工程是单项工程的组成部分。单位工程是指具有独立设计文件,可以独立组织施工,但完工后一般不能独立发挥生产能力或使用效益的工程。例如,办公楼的土建工程、建筑装饰工程、给排水工程、电气照明工程等。

(4)分部工程　分部工程是单位工程的组成部分。一般是按单位工程的各个部位、结构形式、使用材料的不同进行划分。例如,一般装饰装修工程可划分为楼地面工程、墙柱面工程、天棚工程、门窗工程、油漆涂料工程等。

(5)分项工程　分项工程是分部工程的组成部分。分项工程是指分部工程中,按照施工方法、使用的材料、结构构件的不同等因素划分的,用较简单的施工过程就能完成,以适当的计量单位就能计算工程量消耗的最基本构成项目。例如,建筑装饰工程中的楼地面部分可分为块料面层饰面和栏杆、栏板、扶手两大类,其中块料面层又分为大理石、花岗岩、彩釉砖、缸砖、广场砖、木地板、PVC普通地板、地毯、木踢脚线等。每个分项工程都可以用一定的计量单位(例如地板砖的计量单位为 100 m^2)计算,并能求出完成相应计量单位分项工程所需消耗的人工、材料、机械台班的数量及其预算价值。

综上所述,工程建设项目组成之间的关系,具体如图1.1所示。

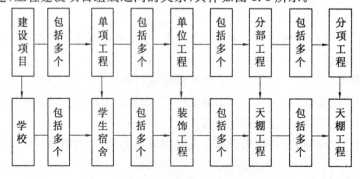

图1.1　工程建设项目组成之间的关系

4. 工程建设的程序

(1)项目建议书阶段　项目建议书是要求建设某一具体项目的建议文件,对拟建项目的初步说明,一般应包括以下几个方面的内容:

①建设项目提出的必要性和依据。
②产品方案、拟建规模和建设地点的初步设想。
③资源情况、建设条件、协作关系等初步设想。
④投资估算和筹资等设想。
⑤经济效益和社会效益的估计。

(2)可行性研究报告阶段　可行性研究是对建设项目投资决策前进行技术经济论证,以保证实现建设项目最佳经济和社会效益。可行性研究后,应编制可行性研究报告。根据建设部的有关规定,可行性研究报告被批准后,须向当地建设行政主管部门或其授权机构进行报建,一般国家、省属项目中,300万元以上的建筑装饰项目,在省建委报建,其他项目在各地、州、市建设行政主管部门报建。

可行性研究内容可以有不同的侧重点,但一般要求具备以下基本内容:

①项目提出的背景和依据。
②建设规模、产品方案、市场预测和确定的依据。
③技术工艺、主要设备、建设标准。
④资源、原材料、燃料、动力、运输、供水等协作配合条件。
⑤建设地点、厂区布置方案、占地面积。
⑥项目设计方案、协调配套工程。
⑦环保、防震等要求。
⑧劳动定员和人员培训。
⑨建设工期和实施进度。
⑩投资估算和资金筹措。
⑪经济效益和社会效益。

(3)编制设计任务书　设计任务书是工程建设大纲,是建设项目和建设方案的基本文件,是编制设计文件的主要依据。新建大中型工业项目的设计任务书一般应包括以下几个方面:

①建设的目的和根据。
②建设规模、产品方案或纲领。
③矿产资源、水文地质及工程地质条件。
④资源综合利用和"三废"治理的要求。
⑤建设地点和占地面积。
⑥建设工期和投资估算。
⑦防空、抗震等要求。
⑧人员编制和劳动力资源。
⑨经济效益和技术水平。
⑩原材料、燃料、动力、供水、运输等协作配套条件。

非工业大中型建设项目、自筹资金建设的大中型项目,根据项目的特点,由有关部门另行规定。小型项目的设计任务书的内容可以适当简化,由各部门或各省、市、自治区具体规定。

(4)建设地点选择　建设地点应根据区域规划和设计任务书的要求选择,是落实确定建设项目具体坐落位置的重要工作,是建设项目设计的前提。

建设地点的选择主要考虑以下几个因素:
①原料、燃料、水源、劳动力等技术经济条件。
②地形、工程地质、水文地质、气候等自然条件。
③交通、动力、矿产等外部建设条件。
④职工生活条件,"三废"治理等。

(5)设计阶段　设计的基本任务是根据设计任务书做出工程建设项目设计,设计中要贯彻执行国家有关方针、政策、技术规程、标准等。设计文件的内容要切合实际、安全适用、技术先进、经济合理。

按我国目前规定,一般建设项目按初步设计和施工图设计两个阶段进行设计。对于技术复杂而又缺乏经验的项目,经主管部门的指定,需增加技术设计阶段,设计按初步设计、技术设计(扩大初步设计)、施工图设计三个阶段进行。

(6)建设准备阶段　建设准备工作的主要内容很多,包括组织筹建机构、办理征地拆迁、水文地质勘察、收集设计基础资料、组织设计文件、主要材料和设备的订货、建设场地的"三通一平"、工程招标准备、施工单位进场前的准备工作等。

(7)列入年度计划　建设项目的初步计划和总概算,经过综合平衡审核批准后,列入基本建设年度计划。建设项目列入年度计划前必须实行"五定"(定建设规模、定总投资、定建设工期、定投资效益、定外部协作条件),以保证建设的顺利进行和投资效益的发挥。

(8)建设实施阶段　根据施工图、施工合同和年度投资计划等文件,全面组织施工。

(9)生产准备阶段　生产准备阶段的主要内容包括:
①招收和培训人员。
②生产组织准备。
③生产技术准备。
④生产物资准备。

(10)竣工验收、交付生产或使用　竣工验收是项目建设的最后一个环节。通过竣工验收,一是检验设计和工程质量,保证项目按设计要求的技术经济指标正常生产;二是有关部门和单位可以总结经验教训;三是将竣工验收、联动试车、试生产合格项目交给建设单位,使其由基建系统转入生产系统,正式投入使用。

1.2　装饰装修工程概述

1.2.1　装饰装修工程的概念

建筑装饰装修工程,是指在工程技术与建筑艺术综合创作的基础上,对建筑物或构筑物的局部或全部进行修饰、装饰、点缀的一种再创作的艺术活动。

在建筑学中,建筑装饰和装修一般是不易明显区分的。通常,建筑装修系指为了满足建筑物使用功能的要求,在主体结构工程以外进行的装潢和修饰,如门、窗、阳台、楼梯、栏杆、扶手、隔断等配件的装潢,以及墙、柱、梁、挑檐、雨篷、地面、天棚等表面的修饰。建筑装饰主要是为了满足人的视觉要求而对建筑物进行的艺术加工,如在建筑物内外加设的雕塑、绘画以及室内家具、器具等的陈设布置等。所以,装饰和装修仅在"粗"与"细"的程度方面存在着一定的区别,在实质方面并没有什么区别,即二者都是为增加建筑物的耐用、舒适和美观程度而进行的技术与艺术的再创作活动。

1.2.2 装饰装修工程等级和标准

增加建筑的美观和舒适的工程称为建筑装饰装修工程,通常也称为装饰工程。建筑装饰装修工程是建筑工程重要的延续工程,它是在建筑主体结构工程完成之后,对建筑物进行的美化、装饰工作,以满足人们对产品的物质要求和精神需要。有关建筑装饰装修等级和标准见表 1.1、表 1.2、表 1.3 和表 1.4。

表 1.1 建筑装饰装修等级

建筑装饰装修等级	建筑物类型
高级装饰装修	大型博览建筑,大型剧院,纪念性建筑,大型邮电、交通建筑,大型贸易建筑,体育馆,高级宾馆,高级住宅
中级装饰装修	广播通讯建筑,医疗建筑,商业建筑,普通博览建筑,邮电、交通、体育建筑,旅馆建筑,高教建筑,科研建筑
普通装饰装修	居住建筑,生活服务性建筑,普通行政办公楼,中、小学建筑

表 1.2 高级装饰装修建筑的内外装饰标准

装饰部位	内装饰材料及做法	外装饰材料及做法
墙面	大理石、各种面砖、塑料墙纸(布)、织物墙面、木墙裙、喷涂高级涂料	天然石材(花岗岩)、饰面砖、装饰混凝土、高级涂料玻璃幕墙
楼地面	彩色水磨石、天然石料或人造石板(如大理石)、木地板、塑料地板、地毯	
天棚	铝合金装饰板、塑料装饰板、装饰吸音板、塑料墙纸(布)、玻璃顶棚、喷涂高级涂料	外廊、顶棚底部参照内装饰
门窗	铝合金门窗、一级木材门窗、高级五金配件、窗台板、喷涂高级油漆	各种颜色玻璃铝合金门窗、钢窗、遮阳板、卷帘门窗、光电感应门
设备	各种花饰、灯具、空调、自动扶梯、高档卫生设备	

表 1.3 中级装饰装修建筑的内外装饰标准

装饰部位		内装饰材料及做法	外装饰材料及做法
墙面		装饰抹灰、内墙涂料	各种面砖、外墙涂料、局部天然石材
楼地面		彩色水磨石、天然石料或人造石板(如大理石)、塑料地板、地毯	外廊、顶棚底部参照内装饰
天棚		胶合板、铝塑板、吸音板、各种涂料	
门窗		窗帘盒	普通钢、木门窗、主要入口铝合金
卫生间	墙面	水泥砂浆、瓷砖内墙裙	
	楼地面	水磨石、马赛克	
	天棚	混合砂浆、纸筋灰浆、涂料	
	门窗	普通钢、木门窗	

表 1.4 普通装饰装修建筑的内外装饰标准

装饰部位	内装饰材料及做法	外装饰材料及做法
墙面	混合砂浆、纸筋灰、石灰浆、大白浆、内墙涂料、局部油漆墙裙	水刷石、干粘石、外墙涂料、局部面砖
楼地面	细石混凝土、局部水磨石	
天棚	直接抹水泥砂浆、水泥石灰浆或喷浆	外廊、顶棚底部参照内装饰
门窗	普通钢、木门窗、铁制五金配件	

1.2.3 装饰装修工程的分类

1. 按装修时间分类

(1)前期装饰 前期装饰也称前装饰,是指建筑物的工程结构施工完成后,按照建筑设计装饰施工图所进行的室内、外装饰施工,如内墙面抹灰、喷刷涂料、贴墙纸,外墙面水刷石、贴面砖等。也称为一般装饰、普通装饰、传统装修或粗装修。

(2)后期装饰 后期装饰是指原房屋的一般装饰已完工或尚未完工的情况下,依据用户的某种使用要求,对建筑物或构筑物的局部或全部所进行的内外装饰工程。目前社会上泛称的装饰工程,多数是指后期装饰,也有人称之为高级装饰工程或现代装饰工程。

2. 按装饰装修部位分类

按装饰装修部位的不同,可分为室内装饰(或内部装饰)、室外装饰(外部装饰)和环境装饰等。

(1)内部装饰 内部装饰是指对建筑物室内所进行的建筑装饰,通常包括:
①楼地面。
②墙柱面、墙裙、踢脚线。

③天棚。
④室内门窗(包括门窗套、贴脸、窗帘盒、窗帘及窗台等)。
⑤楼梯及栏杆(板)。
⑥室内装饰设施(包括给排水与卫生设备、电气与照明设备、暖通设备、用具、家具以及其他装饰设施)。

内部装饰的作用:
①保护墙体及楼地面。
②改善室内使用条件。
③美化内部空间,创造美观舒适、整洁的生活和工作环境。

(2)外部装饰　外部装饰也称室外建筑装饰,通常包括:
①外墙面、柱面、外墙裙(勒脚)、腰线。
②屋面、檐口、檐廊。
③阳台、雨篷、遮阳篷、遮阳板。
④外墙门窗,包括防盗门、防火门、外墙门窗套、花窗、老虎窗等。
⑤台阶、散水、落水管、花池(或花台)。
⑥其他室外装饰,如楼牌、招牌、装饰条、雕塑等外露部分的装饰。

外部装饰的主要作用:
①保护房屋主体结构。
②保温、隔热、隔声、防潮等。
③使建筑物更加美观,点缀环境,美化城市。

(3)环境装饰　室外环境装饰包括围墙、院落大门、灯饰、假山、喷泉、水榭、雕塑小品、院内(或小区)绿化以及各种供人们休闲小憩的凳椅、亭阁等装饰物。室外环境装饰和建筑物内外装饰有机融合,形成居住环境、城市环境和社会环境的协调统一,营造一个幽雅、美观、舒适、温馨的生活和工作氛围。因此,环境装饰也是现代建筑装饰的重要配套内容。

1.2.4　装饰装修工程的内容

房屋建筑装饰工程的内容,就装饰装修的范围而言,可分为室内建筑装饰、室内设备设施装饰和室外建筑结构与环境装饰三大部分。

1. 室内建筑装饰

按其不同结构部位和内容(或称分部分项),可细分为室内墙柱面工程、楼地面工程、天棚工程、门窗工程、木装饰工程、涂装涂料裱糊工程和其他室内工程等的装饰装修。

(1)室内墙柱面装饰　通常是指墙、柱体(包括间壁墙、隔墙、隔断墙),结构施工完成后在其表面上所进行的各种不同材料的装饰装修。它包括传统装修中的一般抹灰、装饰抹灰(如内墙拉条、拉毛、喷涂等)、镶贴块料面层(如大理石板、花岗岩板、汉白玉板、瓷板等)和现代装饰面装修(如玻璃幕墙、镭射玻璃饰面、镜面玻璃饰面等)。

(2)室内楼地面装饰　通常是指室内地面或楼面结构施工完成后,在其面层上所进行的各种不同材料的装饰装修。它包括传统装修中的一般水泥砂浆整体面层、块料面层(如大理石、花岗岩、汉白玉板、缸砖、水泥地砖、陶瓷锦砖等)和现代楼地面装饰(如地板革、地板块、木地板、地毯、橡胶板、玻璃钢、镭射玻璃、陶瓷砖、假麻石块等)。

(3) 室内天棚装饰　通常是指屋架或屋面梁结构施工完成后,在其结构上所进行的各种不同材料的装饰装修。它包括传统装饰中的一般室内混凝土屋面板抹灰、喷浆、秫秸龙骨吊顶裱糊白纸、木龙骨吊顶麻刀青灰天棚和现代木、轻钢、铝合金龙骨吊顶的喷涂、石膏板、吸声板、夹丝玻璃、中空采光玻璃等天棚及装饰。

(4) 室内门窗装饰　通常是指木、钢、铝合金、塑料、彩板、玻璃等材料的装饰装修。它包括制作、安装在内的各类入室(户)门、浴厕门、隔门、阳台门、纱门;各类室内前窗、后窗、隔墙窗、侧窗、采光窗、百叶窗、纱窗、窗台板;各类窗帘盒(箱)、窗帘、浴帘;各类室内门锁及门、窗五金等的装饰装修。

(5) 室内木装饰　通常是指以各种硬木(如樟木、楠木、水曲柳等)、软木(如白松)、胶合板、木纹皮(纸)等木材的装饰。它包括制作、安装在内的室内墙、柱、梁面(如墙裙、踢脚、挂镜线等)、地面、天棚、隔断、壁橱、阁楼及其他(如阳台护板、窗台、扶手、压条、装饰条、家具、陈设)等的装饰装修。

(6) 室内涂装、涂料装饰　涂料、辅料可统称涂料,属装饰材料。品种繁多,用途广泛。通常是指将黏性液体或粉状涂料,经配比调制成各种浆料或水质与油质涂料,用于木材、金属、水泥、混凝土、纸、塑料等制品表层上的装饰装修。涂料涂施于物体表层上不仅是一种工程装饰材料,而且还具有防腐、防锈、防潮等保护功能。

(7) 室内其他建筑装饰　通常是指与上述室内建筑装饰有关的其他部位(如壁柜、挂柜、墙面油饰彩画、零星裱糊等)的装饰。

2. 室内设备、设施装饰

以民用建筑为例,通常是指工作、学习与生活上所需要的各种设备、设施上的装饰装修。它包括暖气设备、给排水与卫生设备、电气与照明设备和煤气设备。

(1) 暖气设备装饰　通常是指供人们采暖用设备的装饰。它包括暖气管、阀门和各种暖气加罩(如挂板式、平墙式、明式、半凹半凸式等)的装饰。

(2) 给排水卫生设备装饰　通常是指供人们用水与污水排放和浴厕器具的装饰。它包括给水与排水管、分户水表、阀门以及面盆、便器、浴缸等的装饰。

(3) 电气与照明设备装饰　通常是指供电、电气器具与设备的装饰。它包括电气设备(如电灯、电话、电热水器等)明线暗敷、电气开关、各种灯具等的装饰。

(4) 煤气设备装饰　通常是指供生产与生活用燃煤、燃油具的装饰。它包括煤气发生器、灶具、管路、煤气表、阀门、煤气热水器等的装饰。

(5) 其他设备装饰　指凡属与上述设备装饰有关的其他设备用具(如电加热器、取暖器、烤箱、消毒器等)的装饰。

需要强调的是,凡属室内设备的装饰装修,特别是家庭装饰时,必须注意室内暖气、卫生、电气和煤气等设备及管路的安全和使用功能要求,装饰时只能作外观处理并应符合有关方面的规定和要求。

3. 室外建筑结构与环境装饰

按房屋建筑用途、结构,对房屋室外建筑结构部位进行装饰装修及其周围环境美化、绿化，是现代建筑装饰工程不可忽视的重要组成内容。它可分为室外建筑结构装饰和室外环境装饰两部分。

(1)室外建筑结构装饰　通常是指建筑物与构筑物自身的外部装饰。若按其不同结构部位和内容(或称分部分项)，也可细分为室外墙、柱、廊面工程，屋面工程，散水与甬道工程，门窗工程，涂装涂料工程和其他室外工程等的装饰装修。

①室外墙、柱、廊面装饰，通常是指外墙、柱及附属工程(如外廊)，结构施工完成后在其面层上所进行的各种不同材料的装饰装修。它包括一般外墙、柱、廊勾缝(清水墙)；外墙、柱、廊贴各种面砖(如陶瓷、大理石等)、拉毛、水刷石、剁斧石等混水墙、柱；须弥座、台基、女儿墙等的装饰装修。

②屋面装饰，通常是指室外屋顶的面层装饰装修。它包括各种屋面瓦、屋檐、飞檐屋脊及各种铁皮、塑料、橡胶等屋面材料的装饰装修。

③散水、甬道装饰，通常是指勒脚以外地面的装饰装修。它包括各种材料(如卵石、素混凝土、砖等)的散水、通往庭院和室内的通路等的装饰装修。

④门窗装饰，通常是指室外门窗的装饰装修。它包括室外防盗门(安全门)、防火门、太平门、月亮门和外墙窗及窗套、漏窗(花窗)、百叶窗、屋面以上的老虎窗、天窗、气窗等的装饰装修。

⑤涂装涂料装饰，通常是指室外各结构部位的装饰装修。它包括室外墙、柱、廊、屋面、门窗及其他零散部位的装饰装修。

⑥其他室外装饰，通常是指上述室外结构装饰以外的其他零星装饰装修。它包括店铺门面招牌、楼牌、压条、装饰条、美术字等的装饰装修。

(2)室外环境装饰　为形成与室内装饰装修相和谐的优美、清新的室外环境，对庭院、居住与生活小区的装饰，主要是指室外居住环境和城市、村镇生活环境的美化、绿化。它包括各种围墙、院门和街心公园、房屋之间的各种花草绿地、树木、灯饰、水榭、亭阁、小溪、小桥、假山、雕塑小品等的修饰、装点和点缀。

第2章 装饰装修设计概算

2.1 概 述

1. 装饰装修工程项目设计概算的作用

设计概算是设计文件的重要组成部分,是在投资估算的控制下由设计单位根据初步设计图纸及说明、概算定额(或概算指标)、各项费用定额(或取费标准)、设备、材料预算价格等资料,用科学的方法计算、编制和确定的建设项目从筹建至竣工交付使用所需全部费用的文件。采用两阶段设计的建设项目,初步设计阶段必须编制设计概算;采用三阶段设计的,技术设计阶段必须编制修正概算。

设计概算的编制应包括编制期价格、费率、利率、汇率等确定的静态投资和编制期到竣工验收前的工程和价格变化等多种因素的动态投资两部分。静态投资作为考核工程设计和施工图预算的依据;动态投资作为筹措、供应和控制资金使用的限额。

设计概算的主要作用可归纳为如下几点:

(1)设计概算是编制建设项目投资计划、确定和控制建设项目投资的依据。国家规定:编制年度固定资产投资计划,确定计划投资总额及其构成数额,要以批准的初步设计概算为依据,没有批准的初步设计及其概算的建设工程不能列入年度固定资产投资计划。

经批准的建设项目设计总概算的投资额,是该工程建设投资的最高限额。在工程建设过程中,年度固定资产投资计划安排、银行拨款或贷款、施工图设计及其预算、竣工决算等,未经按规定的程序批准,都不能突破这一限额,以确保国家固定资产投资计划的严格执行和有效控制。

(2)设计概算是签订建设工程合同和贷款合同的依据。《中华人民共和国合同法》明确规定,建设工程合同是承包人进行工程建设、发包人支付价款的合同。合同价款的多少是以设计概预算为依据的,而且总承包合同不得超过设计总概算的投资额。

设计概算是银行拨款或签订贷款合同的最高限额,建设项目的全部拨款或贷款以及各单项工程的拨款或贷款的累计总额,不能超过设计概算。如果项目的投资计划所列投资额或拨款与贷款突破设计概算时,必须查明原因后由建设单位报请上级主管部门调整或追加设计概算总投资额,凡未批准之前,银行对其超支部分拒不拨付。

(3)设计概算是控制施工图设计和施工图预算的依据。经批准的设计概算是建设项目投资的最高限额,设计单位必须按照批准的初步设计和总概算进行施工图设计,施工图预算不得突破设计概算。如确需突破总概算时,应按规定程序报经审批。

(4)设计概算是衡量设计方案技术经济合理性和选择最佳设计方案的依据。设计概算是设计方案技术经济合理性的综合反映,据此可以用来对不同的设计方案进行技术与经济合理性的比较,以便选择最佳的设计方案。

(5)设计概算是工程造价管理及编制招标标底和投标报价的依据。设计总概算一经批准,就作为工程造价管理的最高限额,并据此对工程造价进行严格的控制。以设计概算进行招投标的工程,招标单位编制标底是以设计概算造价为依据的,并以此作为评标定标的依据。承包单位为了在投标竞争中取胜,也以设计概算为依据,编制出合适的投标报价。

(6)设计概算是考核建设项目投资效果的依据。通过设计概算与竣工决算对比,可以分析和考核投资效果的好坏,同时还可以验证设计概算的准确性,有利于加强设计概算管理和建设项目的造价管理工作。

2. 概算的种类

(1)建设项目总概算　是确定某一建设项目从筹建到建成的全部建设费用的总和,是将组成该项目的各单项工程的综合概算、装饰装修工程的其他费用概算综合而成,总概算是国家控制建设项目投资的重要依据。

(2)单项工程综合概算　是确定某一单项工程建设费用的综合性经济技术文件。它是总概算的组成部分,综合概算又由不同专业的单位工程概算汇编而成。

(3)单位工程概算　是确定某一单位工程的费用文件,是由不同的分部、分项工程费用组成。

(4)工程建设其他费用概算　它与建筑安装工程或设备不直接发生关系,但其费用组成对整个建设项目的完成来说是不可缺少的。因此,必须列入总概算中。

3. 设计概算的编制依据

(1)批准建设项目的可行性研究和主管部门的有关规定。

(2)设计单位提供的初步设计或扩大初步设计图纸文件、说明及主要设备材料表,其中:

①土建工程:建筑专业平面、立面、剖面图和初步设计文字说明,包括工程做法及门窗表,结构专业的布置草图、构件截面尺寸和特殊构件配筋率。

②给排水、电气、采暖、通风、空调等专业的平面布置图、系统图、文字说明、设备材料表等。

③室外工程:室外平面布置图、土石方工程量、道路、围墙等构筑物断面尺寸。

(3)国家现行的建筑工程和专业安装工程概预算定额及各省市地区经地方政府或其授权单位颁发的地区单位估价表和地区材料、构件、配件价格、费用定额及有关费用规定。

(4)现行的有关设备原价及运杂费率等。

(5)现行的其他费用定额、指标和价格。

(6)建设场地的自然条件和施工条件。

4. 设计概算的组成

(1)概算的编制说明

①工程概况:概算组成,建设项目的规模、结构、功能、特点及建设目的等内容。

②编制依据:工程计算的依据、套用的相关定额、单位估价表、费用标准及费率,以及上级机关下达的有关文件和各省市地区的材料价格信息等内容。

③各分部分项工程的投资比例情况。
④主要技术经济指标及主要材料设备数量。
⑤概算书中存在的问题及其他需说明的问题。
(2)总概算的项目组成
第一部分,建筑安装工程和设备购置费,包括:
①主要工程项目。
②辅助工程项目。
③室外配套项目。
④场外工程项目(规划红线以外)。
第二部分,不属于建筑安装工程费、设备购置费的其他必需的费用支出,如土地征购费等。

5.概算的编制方法

(1)按概算定额编制　按概算定额编制的前提条件必须是初步设计图纸中的建筑结构、构造、做法有明确规定,图纸的内容必须比较齐全完善,能准确计算出工程量。此类概算其编制步骤为:
①熟悉图纸及施工现场情况。
②计算工程量。
③套用相应定额计算工程造价。
④编制设备价格。
⑤计算其他取费项目。
⑥编制设备清单及主要材料表。

(2)按概算指标编制　此类概算编制是指拟编制项目不具备按概算定额编制条件,而又需计算工程造价的一种估算方法,其前提条件是:
①具备符合本地区情况的概算指标或指按本地区情况调整后的其他地区概算指标。
②被编制项目的工程内容与概算指标中的内容基本一致。

其编制方法是用各种概算指标分别乘以建筑面积计算出建筑安装工程费用,设备费另行编制。

(3)按类似工程预算编制　此类项目编制的前提是既不具备按当地的概算定额编制的条件,又没有当地概算指标的情况下,可根据工程预算或其他地区的概算指标编制。如类似工程与拟编制项目有差距,可用系数进行调整。这些系数可分为由于结构或构造做法等引起的人工、机械、材料的差异系数,地区价格类别系数,以往和现在价格浮动系数,建筑材料及设备材料由于时间不同、产地不同而产生的差价系数及取费标准不同产生的系数等。

2.2 概算定额和概算指标

2.2.1 概算定额

1. 概算定额的概念和作用

(1)概算定额的概念　装饰装修工程概算定额,是规定一定计量单位的扩大分项工程或扩大结构构件所需人工、材料、机械台班消耗量和货币价值的数量标准。概算定额是在相应预算定额的基础上,根据有代表性的设计图纸及通用图、标准图和有关资料,把预算定额中的若干相关项目合并、综合和扩大后编制而成的,以达到简化工程量计算和编制设计概算的目的。

编制概算定额时,为了能适应规划、设计、施工各阶段的要求,概算定额与预算定额的水平应基本一致,即反映社会平均水平。但由于前者是在后者的基础上综合扩大而成,因此,两者之间必然产生并允许留有一定的幅度差,这种扩大的幅度差一般在5%以内,以便根据概算定额编制的设计概算能对施工图预算起控制作用。目前,全国尚无编制概算定额的指导性统一规定,各省、市、自治区的有关部门是在总结各地区经验的基础上编制概算定额的。

(2)概算定额的主要作用

①它是在初步设计阶段编制单位工程概算,扩大初步设计(技术设计)阶段编制修正概算的依据。

②它是对设计方案进行技术经济比较和选择的依据。

③它是建筑安装企业在施工准备阶段编制施工组织总设计或总规划的各种资源需要量的依据。

④它是编制概算指标的基础。

2. 概算定额的内容

各地区概算定额的形式、内容各有特点,但一般包括下列主要内容。

(1)总说明　主要阐述概算定额的编制原则、编制依据、适用范围、有关规定、取费标准和概算造价计算方法等。

(2)分章说明　主要阐明本章所包括的定额项目及工程内容,规定了工程量计算规则等。

(3)定额项目表　这是概算定额的主要内容,它由若干分节定额表组成。各节定额表表头注有工作内容,定额表中列有计量单位、概算基价、各种资源消耗量指标以及所综合的预算定额的项目与工程量等。

3. 概算定额的编制

(1)概算定额的编制依据

①现行的设计标准、规范和施工技术规范、规程等法规。

②有代表性的设计图纸和标准设计图集、通用图集。

③现行的装饰装修工程预算定额和概算定额。
④现行的人工工资标准、材料预算价格、机械台班预算价格及各项取费标准。
⑤有关的施工图预算和工程结算等经济资料。

(2)概算定额的编制方法

①定额项目的划分：应以简明和便于计算为原则，在保证准确性的前提下，以主要结构分部工程为主，合并相关联的子项目。

②定额的计量单位：基本上按预算定额的规定执行，但是该单位中所包含的工程内容扩大。

③定额数据的综合取定：由于概算定额是在预算定额的基础上综合扩大而成，因此，在工程的标准和施工方法确定、工程量计算和取值上都需综合考虑，并结合概、预算定额水平的幅度差而适当扩大，还要考虑到初步设计的深度条件来编制。如混凝土和砂浆的强度等级、钢筋用量等，可根据工程结构的不同部位，通过综合测算、统计而取定出合理数据。

2.2.2 概算指标

1. 概算指标的概念和作用

(1)概算指标的概念　概算指标按项目划分有单位工程概算指标(如土建工程概算指标、水暖工程概算指标等)、单项工程概算指标、装饰装修工程概算指标等。按费用划分有直接费概算指标和工程造价指标。

在建筑工程中，概算指标是以建筑面积($1\ m^2$ 或 $100\ m^2$)或建筑体积($1\ m^3$ 或 $100\ m^3$)、构筑物以座为计量单位，规定所需人工、材料、机械台班消耗量和资金数量的定额指标。概算指标是按整个建筑物或构筑物为对象编制的，因此，它比概算定额更加综合。依据概算指标来编制设计概算也就更为简便，概算指标中各消耗量的确定，主要来自各种工程的概预算和决算的统计资料。

(2)概算指标的主要作用

①在建设项目可行性研究阶段，它可作为编制项目投资估算的依据。

②在初步设计阶段，当设计深度不够、不能准确计算工程量时，它可作为编制设计概算的依据。

③它是建设单位编制基本建设计划、申请投资拨款和主要材料计划的依据。

④它也是设计和建设单位进行设计方案的技术经济分析、考核投资效果的标准。

2. 概算指标的内容

(1)编制说明　主要从总体上说明概算指标的作用、编制依据、适用范围和使用方法等。

(2)示意图或文字说明　表明工程的结构类型、层数、层高、建筑面积等，工业项目还表示出吊车起重能力等。

(3)经济指标　说明该单项工程单价指标及其中土建、给排水、采暖、电照等各单位工程单价指标。

(4)构造内容及工程量指标　说明该工程项目的构造内容(可作为不同构造内容进行换算的依据)和相应计算单位的扩大分项工程的工程量指标,以及人工、主要材料消耗量指标。

3. 概算指标的编制

概算指标构成的数据,主要来自各种工程概、预算或决算资料。编制时首先选定有代表性的工程图纸,依据预算定额或概算定额编制工程预算或概算,然后求出单位造价指标及工、料消耗指标。或者根据工程决算的统计资料,经过综合、分析、调整后,求出各项概算指标。例如每 1 m^2 造价指标,就是以整个建筑物为对象,根据该项工程的全部预算(或概算、决算)价值除以总建筑面积而得的数值。而每 1 m^2 面积所包含的某种材料数量就是该工程预算(或概算、决算)中此种材料总的耗用量除以总建筑面积而得的数据。

4. 概算指标的应用

概算指标的应用比概算定额具有更大的针对性。由于它是一种综合性很强的指标,不可能与拟建工程的建筑标准、结构特征、自然条件、施工条件完全一致。因此,在选用概算指标时要十分慎重,注意选用的指标与设计对象在各个方面尽量一致或接近,这样计算出的各种资源消耗量才比较可靠。如果设计对象的结构特征与概算指标的规定有局部不同时,则需对该概算指标的局部内容进行调整换算,再用修正后的概算指标进行计算,以提高设计概算的准确性。

第3章 装饰装修工程定额计价

3.1 定额概述

1. 定额的概念

在建设过程中,完成某一分项工程或结构构件的生产,必须消耗一定数量的劳动力、材料、机械台班和资金。这些消耗是随着生产技术和组织条件的变化而变化的,它应反映一定时期的社会劳动生产率水平。

定额是指在正常的施工条件、先进合理的施工工艺和施工组织的条件下,采用科学的方法制定每完成一定计量单位的质量合格产品所必须消耗的人工、材料、机械设备及其价格的数量标准。正常的施工条件、先进合理的施工工艺和施工组织,是指生产过程按生产工艺和施工验收规范操作,施工条件完善,劳动组织合理,机械运转正常,材料储备合理。在这样的条件下,采用科学的方法对完成单位产品进行的定员(定工日)、定质(定质量)、定量(定数量)、定价(定资金),同时还规定了应完成的工作内容、达到的质量标准和安全要求等等。简单地讲,定额就是规定一个标准的数额。

实行定额的目的是为了力求用最少的人力、物力和财力的消耗,生产出符合质量标准的合格建筑产品,取得最好的经济效益。定额既是使建筑安装活动中的计划、设计、施工、安装各项工作取得最佳经济效益的有效工具和杠杆,又是衡量、考核上述工作经济效益的尺度,在企业管理中占有十分重要的地位。目前,全国正在进行建筑业全行业改革,改革的关键是推行投资包干制和招标承包制,其中,签订投资包干协议、计算招标标底和投标报价、签订总包和分包合同,以及企业内部实行的各种形式的承包责任制,都必须以各种定额为主要依据。随着改革的深入和发展,定额作为企业科学管理的基础,必将进一步得到完善和提高。

定额作为加强企业经营管理、组织施工、决定分配的有效工具,主要作用表现为:它是建设系统作为计划管理、宏观调控、确定工程造价、对设计方案进行技术经济评价、贯彻按劳分配原则、实行经济核算的依据;是衡量劳动生产率的尺度;是总结、分析和改进施工方法的重要手段。

2. 装饰装修定额的概念

在一定的装饰装修工程施工组织和装饰装修工程施工技术条件下,完成单位合格的室内装饰装修产品所消耗的人工、材料、机械和资金的数量标准。

3. 定额的特点

定额具有科学性、系统性、统一性、指导性、群众性、稳定性和时效性等特点。

(1)科学性 定额是在认真研究客观规律的基础上,遵循客观规律的要求,实事求是地运用科学的方法制定的,是在总结广大工人生产经验的基础上,根据技术测定和统计分析等资料,并经过综合分析研究后制定的。定额还考虑了已经成熟推广的先进技术和先进的操作方法,正确反映当前生产力水平的单位产品所必需的生产消耗量。

(2)系统性　建设工程定额是相对独立的系统。它是由多种定额结合而成的有机的整体。它的结构复杂,有鲜明的层次,有明确的目标。

建设工程是一个庞大的实体系统,定额是为这个实体系统服务的。建设工程本身的多种类、多层次决定了以它为服务对象的定额的多种类、多层次。建设工程都有严格的项目划分,如建设项目、单项工程、单位工程、分部分项工程。在计划和实施过程中有严密的逻辑阶段,如可行性研究、设计、施工、竣工交付使用和投入使用后的维修。与此相适应,必然形成定额的多种类、多层次。

(3)统一性　定额的统一性主要是由国家对经济发展的有计划宏观调控职能决定的。为了使国民经济按照既定的目标发展,就需要借助于某些标准、定额、规范等,对建设工程进行规划、组织、调节、控制。而这些标准、定额、规范必须在一定范围内作为一种统一的尺度,才能实现上述职能,才能利用它对项目的决策、设计方案、投标报价、成本控制进行比较、选择和评价。为了建立全国统一建设市场和规范计价行为,《建设工程工程量清单计价规范》统一了分部分项工程项目名称、计量单位、工程量计算规则、项目编码。

(4)指导性　定额的指导性表现在企业定额还不完善的情况下,为了有利于市场公平竞争,优化企业管理,确保工程质量和施工安全的工程计价标准,规范工程计价行为,指导企业自主报价,为实行市场竞争形成价格奠定了坚实的基础。企业可在消耗量定额的基础上自行编制企业内部定额,逐步走向市场化,与国际计价方法接轨。

(5)群众性　定额的群众性是指定额来自群众,又贯彻于群众。定额的制定和执行具有广泛的群众基础。定额的编制采用工人、技术人员和定额专职人员相结合的方式,使得定额既能从实际水平出发,保持一定先进性,又能把群众的长远利益和当前利益、广大职工的劳动效率和工作质量结合起来,把国家、企业和劳动者个人三者的物质利益结合起来,充分调动广大职工的积极性,完成和超额完成工程任务。

(6)稳定性　建设工程定额中的任何一种定额都是一定时期技术发展和管理水平的反映,因而在一段时间内表现为稳定的状态。根据具体情况不同,稳定的时间有长有短,一般在5~10年。保持定额的稳定性是有效地贯彻定额所必需的。如果某种定额处于经常修改变动之中,那么必然造成执行中的困难和混乱,使人们感到没有必要去认真对待它。定额的不稳定也会给定额的编制工作带来极大的困难。而定额的稳定性是相对的。

(7)时效性　建设工程定额中的任何一种定额只能反映一定时期的生产力水平,当生产力向前发展了,定额就会变得不适应。当定额不再起到它应有的作用时,定额就要重新编制和进行修订,因此,定额具有显著的时效性。新定额一旦诞生,旧定额就停止使用。

4.定额的分类

建设工程定额的种类很多,按其内容、形式、用途等的不同可以作如下分类。

(1)按生产要素分类　按生产要素分为劳动定额、材料消耗定额、机械台班使用定额。

(2)按定额用途分类　按定额用途分为施工定额、预算定额(或综合预算定额)、概算定额、概算指标和估算指标。

(3)按定额单位和执行范围分类　按定额单位和执行范围分为全国统一定额、专业专用和专业通用定额、地方统一定额、企业补充定额、临时定额。

(4)按专业和费用分类　按专业和费用分为建筑工程定额、安装工程定额、其他工程和费用定额、间接费用定额。

定额的形式、内容和种类是根据生产建设的需要而制定的,不同的定额在使用中的作用也不完全一样,但它们之间是相互联系的,在实际工作中有时需要相互配合使用。

装饰装修工程定额先后采用过两种定额形式,即综合定额、新计价依据。

(1)综合定额　定额项目单价中包含人工、材料、机械的消耗量、单价及合价,各项目基价合计套用费用定额进行取费,计算出工程总造价。

(2)新计价依据　分为工程量计算规则、消耗量定额、地区价目表及费用构成4个组成部分。实行量价分离的计价形式。

3.2　预算定额

3.2.1　预算定额的概念及组成

1. 装饰装修工程预算定额的概念及组成

装饰装修工程预算定额是建筑工程预算定额的组成部分,是完成规定计量单位的装饰装修分项工程计价的人工、材料和机械台班消耗量的标准,它是随着我国经济建设和装饰装修行业的发展而逐步形成的。要正确应用预算定额,必须全面了解预算定额的组成与应用。

装饰装修工程预算定额由定额目录、总说明、分部分项工程说明及其相应的工程量计算规则和方法、分项工程定额项目表及有关的附录或附表等组成。

(1)定额总说明　定额总说明主要包括以下内容:

①预算定额的适用范围、指导思想及目的和作用。

②预算定额的编制原则、主要依据及上级下达的有关定额汇编文件精神。

③使用本定额必须遵守的规则及本定额的适用范围。

④定额所采用的材料价格、材质标准、允许换算的原则。

⑤定额在编制过程中已经考虑的和没有考虑的因素及未包括的内容。

⑥各分部工程定额的共性问题和有关统一规定及使用方法。

(2)分部工程及其说明　分部工程在装饰装修工程预算定额中,称为"章",其中包括以下内容:

①说明分部工程所包括的定额项目内容和子目数量。

②分部工程定额项目工程量的计算方法。

③分部工程定额内综合的内容及允许换算和不得换算的界限及特殊规定。

④使用本分部工程允许增减系数范围的规定。

(3)定额项目表　定额项目表由分项定额组成,是预算定额的主要构成部分。分项工程在装饰装修工程预算定额中,称为"节",其中包括以下内容:

①分项工程定额编号(子目号)。
②分项工程定额名称。
③预算价值(基价),其中包括人工费、材料费和机械费。
④人工表现形式,人工栏内所列人工工日不分列工种和技术等级,一律以综合工日表示,内容包括基本用工、超运距用工和人工幅度差。其他人工费包括材料二次搬运和冬雨季施工期间所增加的人工费。人工费单价包括基本工资、辅助工资、工资性津贴、交通补助和劳动保护费,以及养老保险和医疗保险。
⑤材料表现形式,材料栏内的材料消耗量包括主要材料、辅助材料和零星材料等,并计入了相应的损耗,其内容和范围包括:从工地仓库、现场集中堆放地点或现场加工地点至操作或安装地点的运输损耗、施工操作损耗和施工现场堆放损耗。其他材料费包括零星材料和冬雨季施工期间所增加的材料费。
⑥施工机械表现形式,其中的机械台班消耗量是按正常合理的机械配备综合取定的。其他机具费包括中小型机械使用费、材料二次搬运、生产工具使用费、冬雨季施工期间所增加的机械费及仪器仪表使用费等。

(4)定额附录或附表　预算定额内容的最后一部分是附录或称为附表,是配合定额使用不可缺少的重要组成部分。其中包括各种不同标号的砂浆和混凝土等由多种原材料组成的单方配合比和材料用量表。

2. 装饰装修工程预算定额的编制原则

为了使定额具有科学性、指导性、实践性,并保证定额的编制质量,在装饰装修工程预算定额的编制过程中应该贯彻以下原则。

(1)平均水平原则　按其商品生产的基本经济规律——价值规律的要求,商品的价值由生产该商品的社会必要劳动量来确定。

在定额计价方式中,建筑装饰装修工程产品价格的主要部分由预算定额来确定,因此,预算定额的编制必须符合上述规律,即在正常施工条件下,以平均的劳动强度、平均的技术熟练程度,在平均的技术装备条件下,完成单位合格产品所需的劳动消耗量,就是预算定额的消耗量水平。这种以社会必要劳动量来确定的定额水平,就是通常所说的预算定额的平均水平。因而,在定额编制过程中要贯彻平均水平原则。

需要指出的是,定额消耗量与定额水平成反比。

(2)简明适用原则　定额的简明性和适用性是统一体中的两个方面。

简明性是指简单明了,使用方便;适用性是指能满足各方面需求,项目越明细越好。如果只强调简明性,适应性就差;如果只强调适应性,简明性就差。因此,为了合理解决好这一对矛盾,预算定额应该坚持在适用的基础上力求简明的原则。

定额的简明适用原则主要体现在以下几个方面:

①为了满足各方面适用的需要(如编制标底或标价、签订合同价、办理工程结算、编制各种计划和进行工程成本核算等),不但要求项目齐全,而且还要考虑补充有关新结构、新工艺的项目。另外,还要注意每个定额子目的内容划分要恰当,例如,300 mm×300 mm 方格网轻钢龙骨吊顶,要分为上人型与不上人型两种,因为这两者之间的材料消耗量和人工消耗量都有较大的差别。所以,要把上述内容划分为两个定额子目。

②明确预算定额计量单位时,要考虑简化工程量计算的问题。例如,装配式 T 形铝合金天棚龙骨的定额计量单位采用"m^2"要比用"m"或"kg"更简便。

③预算定额中的各种说明,要简明扼要,通俗易懂。

3. 装饰装修工程预算定额的作用

(1)它是编制装饰装修工程施工图预算、确定装饰装修工程预算造价的依据,也是招投标工作中业主编制工程标底的依据。

(2)它是工程设计阶段对设计方案或某种新材料、新工艺进行技术经济评价的依据。

(3)它是编制装饰装修工程施工组织设计的依据,也是确定装饰装修施工中工人的劳动消耗量、装饰装修材料消耗量以及机械台班需用量的依据。

(4)它是控制装饰装修工程投资、办理工程付款和工程结算的依据。

(5)它是承包商进行经济核算和经济活动分析的依据。

(6)它是编制装饰装修工程概算定额和地区单位估价表的依据。

3.2.2 预算定额的分类

1. 按生产要素分类(按定额反映的物质内容分类)

(1)劳动消耗定额 劳动消耗定额,简称劳动定额,是指在正常施工条件下,完成单位合格产品所规定的必要劳动消耗数量标准。劳动定额有两种表现形式,即时间定额和产量定额。时间定额是指某种专业、某种技术等级的工人在合理的劳动组织与合理地使用材料的条件下,完成单位合格产品所必需的工作时间,包括基本生产时间、辅助生产时间、不可避免的中断时间、准备与结束时间和工人必需的休息时间等;产量定额是指在合理劳动组织与合理使用材料的条件下,某种专业、某种技术等级的工人在单位工日中应完成的合格产品的数量。为了便于综合与核算,劳动定额大多采用工作时间消耗量来计算劳动消耗的数量,所以,劳动定额的主要表现形式是时间定额。时间定额以工日为单位,每一工日按 8 h 计算。

(2)材料消耗定额 材料消耗定额,简称材料定额,是指在正常施工条件下完成单位合格产品所规定的各种材料、半成品、成品和构配件消耗的数量标准。由于材料费在装饰装修工程造价中所占比例极大,所以,材料消耗量的多少对产品价格和工程成本有着直接的影响。材料消耗定额,在很大程度上可以影响材料的合理调配和使用。在产品生产数量和材料质量一定的情况下,材料的供应计划和需求都会受材料定额的影响。重视和加强材料定额管理,制定合理的材料消耗定额,是组织材料的正常供应,保证生产顺利地进行,以及合理利用资源,减少积压、浪费的必要前提。

(3)机械台班定额 机械台班定额,是指在正常施工条件下,合理地组织劳动与使用机械而完成单位合格产品所规定的施工机械消耗的数量标准。机械台班定额同样可分为时间定额和产量定额。机械时间定额是指完成单位合格产品,施工机械所必需消耗的时间;机械产量定额是指在台班工作时间内,由每个机械台班和小组成员总工日数所完成的合格产品数量。通常,机械台班定额的表现形式是机械时间定额,时间定额以台班为单位,每一台班按 8 h 计算。机械台班定额是施工机械生产率的反映,高质量的施工机械台班定额,是合理组织机械化施工、有效地利用施工机械和进一步提高机械生产率的必备条件。

2. 按定额编制程序及用途分类

(1)预算定额　预算定额是在规定一定计量单位的工程基本构造要素(即分部分项工程)上,人工、材料和机械台班消耗的数量标准,是一种计价性定额,主要用于施工图设计完成后编制施工图预算。在工程委托承包时,它是确定工程直接费的主要依据,在工程招投标时,它是编制标底和确定投标报价的主要依据。应该说,预算定额在所有计价定额中占有很重要的位置,从编制程序上来看,预算定额是概算定额和估算指标的编制基础。

(2)概算定额　概算定额是在预算定额的基础上,以主要工序为准,结合相关工序,并加以综合扩大编制而成的,是在规定一定计量单位的、综合了相关工序的主要分项工程上人工、材料和机械台班消耗的数量标准,主要用于初步设计或扩大初步设计完成后编制设计概算,是控制建设项目投资的主要依据。概算定额的编制基础是预算定额,但又比预算定额综合扩大,它的定额项目划分原则是与初步设计的深度相适应的。

另外,概算定额是为工程在初步设计阶段的工程投资进行概算而编制的一种综合性定额。因为它是在基础定额地区统一基价表的基础上进行综合计算编制而成,所以它一般都带有一定的区域性。

(3)估算指标　估算指标是比概算定额更加综合扩大了的人工、材料和机械台班的消耗定额指标,具有较大的概括性,宽裕度误差范围较大,属参考性经济指标,主要用于在项目建议书阶段可行性研究和编制设计任务书阶段编制投资估算。估算指标往往以独立的单项工程或完整的工程项目为计算对象,它的表现形式通常是以建筑面积、建筑体积、自然量和物理量等为计量单位,列出造价指标及人工、材料和机械台班的需用量。估算指标是项目决策和投资控制的重要依据。

(4)工期定额　工期定额是为各类工程规定的施工期限的定额天数。包括建设工期定额和施工工期定额两个层次。

建设工期是指建设项目或独立的单项工程在建设过程中所耗用的时间总量,即从开工建设时起至全部建成投产或交付使用时为止所经历的时间,一般以月数或天数表示,但不包括由于计划调整而停缓建所延误的时间。施工工期一般是指单项工程或单位工程从正式开工起至完成承包工程全部设计内容并达到国家验收标准为止的全部有效天数。

建设工期是评价投资效果的重要指标,直接标志着建设速度的快慢。缩短工期,提前投产,不仅能节约投资,也能更快地发挥效益,创造出更多的物质和精神财富。工期对于施工企业来说,也是在履行承包合同、安排施工计划、减少成本开支以及提高经营成果等方面必须考虑的指标。但是,各类工程所需工期有一个合理的界限,在一定的条件下,工期长短也是有规律性的,如果违背这个规律就会造成质量问题和经济效益降低。这里关键是需要一个合理工期和评价工期的标准,工期定额提供了这样一个标准。因为,在工期定额中已经考虑了季节性施工因素、地区性特点、工程结构和规模、工程用途以及施工技术与管理水平等因素对工期的影响。因此,工期定额是评价工程建设速度、编制施工计划、签订承包合同以及评价全优工程的可靠依据。

3. 按定额适用范围分类(按制定单位和管理权限分类)

(1)全国统一定额　全国统一定额是由国家建设行政主管部门,综合全国工程建设中技术和施工组织管理的情况编制,并在全国范围内执行的定额,如全国统一安装工程定额。全国统一定额反映的是一定时期内我国社会生产力水平的一般情况,是各省、自治区、直辖市编制各地单位估价表的依据。

(2)行业部门统一定额　行业部门统一定额,是考虑到各行业部门专业工程技术特点以及施工生产和管理水平编制的。一般只在本行业和相同专业性质的范围内使用的专业定额。

(3)地区统一定额　地区统一定额是各省、自治区、直辖市考虑地区特点并结合全国统一定额水平适当调整补充而编制、在规定的地区范围内使用的定额。各地的气候条件、经济技术条件、物质资源条件和交通运输条件等,都是编制地区统一定额的重要依据。

(4)企业定额　企业定额是承包商考虑到本企业的具体情况,参照国家、部门或地区定额的水平制定的定额。企业定额只在企业内部使用,是企业素质的一个标志。企业定额水平一般应高于国家现行定额,这样才能满足生产技术的发展、企业管理和市场竞争的需要。

3.2.3　预算的编制方式和步骤

单位工程施工图预算有3种编制方式,即"定额单价法"方式、"定额实物法"方式、"综合单价法"方式。前两种方式是根据传统的定额和单位估价表编制出来的,我们称为"定额计价模式";"综合单价法"方式是与国际接轨、符合市场经济体制的一种计价模式,在招标工程中,我们称为"工程量清单计价模式"。

1. 采用"定额单价法"方式编制预算的步骤

(1)定额单价法的含义　所谓定额单价法编制施工图预算,就是利用各地区、部门颁发的预算定额,根据预算定额的规定计算出各分项工程量,分别乘以相应的预算定额单价,汇总后就是工程项目的直接工程费,再以直接工程费为基数,乘以相应的取费费率,计算出直接费、间接费、利润和税金,最终计算出建筑安装工程费。

(2)定额单价法的编制步骤

①掌握编制施工图预算的基础资料。施工图预算的基础资料包括设计资料、预算资料、施工组织设计资料和施工合同等。

②熟悉预算定额及其有关规定。正确掌握施工图预算定额及其有关规定,熟悉预算定额的全部内容和项目划分,定额子目的工程内容、施工方法、材料规格、质量要求、计量单位、工程量计算方法,项目之间的相互关系以及调整换算定额的规定条件和方法,以便正确地应用定额。

③了解和掌握施工组织设计的有关内容。施工图预算工作需要深入施工现场,了解现场地形地貌、地质、水文、施工现场用地、自然地坪标高、施工方法、施工进度、施工机械、挖土方式、施工现场总平面布置以及与预算定额有关而直接影响施工经济效益的各项因素。

④熟悉设计图纸和设计说明书。设计图纸和设计说明书不仅是施工的依据,也是编制施工图预算的重要基础资料。设计图纸和设计说明书上所标示或说明的工程构造、材料做法、材料品种及其规格质量、设计尺寸等设计要求,为编制施工图预算、结合预算定额确定分项工程项目、选择套用定额子目等提供了重要数据。

⑤计算建筑面积。严格按照《建筑面积计算规则》,结合设计图纸逐层计算,最后汇总出全部建筑面积。它是控制基本建设规模,计算单位建筑面积技术经济指标等的依据。

⑥计算工程量。工程量的计算必须根据设计图纸和设计说明书提供的工程构造、设计尺寸和做法要求,结合施工组织设计和现场情况,按照预算定额的项目划分、工程量计算规则和计量单位的规定,对每个分项工程的工程量进行具体计算。它是施工图预算编制工作中的一项细致的重要环节,约有 90% 以上的时间是消耗在工程量计算阶段内,而且施工图预算造价的正确与否,关键在于工程量的计算是否正确,项目是否齐全,有无遗漏和错误。

⑦编表、套定额单价、取费及工料分析。工程量计算的成果是与定额分部、分项相对口的各项工程量,将其填入"单位工程预算表",并填写相应定额编号及单价(包括必要的工料分析),然后计算分部、分项直接工程费,再汇总成单位工程直接费。最后以单位工程直接费为基础,进行取费、调差,汇总工程造价。

另外,一般还要求编制工料分析表,以供工程结算时作进一步调整工料价差的依据。由于目前电算技术的迅速发展,许多预算软件可以实现图形算量套价,大大提高了预算的质量和速度。

(3)定额单价法的适用范围 定额单价法是计划经济的产物,也是目前编制施工图预算的主要方法。它的优点是计算简便,预算人员的计算依据十分明确(就是预算定额、单位估价表以及相应的调价文件等);它的缺点是由于没有采集市场价格信息,计算出的工程造价不能反映工程项目的实际造价。在市场价格波动比较大时,依据定额单价法的计算结果往往与实际造价相差很大。因此,随着市场经济的发展和有关法律、法规的逐步完善,定额单价法将逐步退出历史舞台。

2. 采用"定额实物法"方式编制预算的步骤

(1)定额实物法的含义 所谓定额实物法就是"量""价"分离,定额子目中只有人、材、机的消耗量,而无相应的单价。在编制单位工程施工图预算时,首先依据设计图纸计算各分部分项工程量,分别乘以预算定额的人工、材料、施工机械台班消耗量,从而分别计算出人工、各种材料、各种机械台班的总消耗量。预算人员根据人工、材料、机械的市场价格,确定单价,然后用人工、材料、机械的相应消耗量乘以相应的单价,计算出直接工程费,以直接工程费为基数,经过二次取费,计算出直接费、间接费、利润和税金,汇总工程造价。

(2)定额实物法的编制步骤 定额实物法的编制步骤与定额单价法有很多共同之处。在熟悉定额单价法的基础上,具体来看定额实物法的编制步骤。

①掌握编制施工图预算的基础资料。
②熟悉预算定额及其有关规定。
③了解和掌握施工组织设计的有关内容。
④熟悉设计图纸和设计说明书。

⑤计算建筑面积。
⑥计算工程量。
⑦套用预算人工、材料、机械定额用量。
⑧求出各分项人工、材料、机械消耗数量。

各分项人、材、机消耗量＝∑（各分项工程量×相应的预算人、材、机定额消耗量）
(3.1)

⑨按当时当地人、材、机单价，汇总人工费、材料费和机械费。

直接工程费＝各分项人、材、机消耗量×相应的人、材、机单价 (3.2)

⑩计算其他各项费用，汇总造价。

从以上定额实物法的编制步骤可以看出，定额实物法与定额单价法所不同的主要是第⑦、⑧及⑨步。

(3)定额实物法的适用范围　用定额实物法编制施工图预算，是采用工程所在地的当时人工、材料、机械台班价格，能较好地反映实际价格水平，工程造价的准确性高，适合市场经济体制的预算编制方法。其缺点是计算繁琐、工程量大，但是计算软件的应用，大大提高了计算的速度。

3. 采用"综合单价法"方式编制预算的步骤

(1)综合单价法的含义　综合单价法是以分部分项工程单价为全费用单价，全费用单价经综合计算后生成。综合单价是完成一个规定计量单位的分部分项工程量清单项目或措施清单项目所需的人工费、材料费、施工机械使用费和企业管理费与利润，以及一定范围内的风险费用。

这种方法与前述方法相比较有着显著的区别，主要区别在于：间接费和利润是用一个综合管理费率分摊到分项工程单价中，从而组成分项工程完全单价，其分项工程单价乘以工程量为该分项工程的合价，所有分项工程合价汇总后即为该工程的总价。

应当指出，这种方法是我国与国际接轨后，工程造价计价的改革方向。目前，随着我国《建设工程工程量清单计价规范》的颁布，将会更快地促进这种方法的发展和应用。

(2)综合单价法的编制步骤

①按照《建设工程工程量清单计价规范》中的工程量计算规则来计算工程量，并由此形成工程量清单。

②估算分项工程单价。值得说明的是，此单价是根据具体项目以及目前的市场行情估算出来的，与定额单价法中的定额单价是截然不同的。

③汇总建设项目的总造价。具体的操作是将估算好的分项工程单价填入工程量清单中，并汇总形成总价。

(3)综合单价法的适用范围　综合单价法是与市场经济体制和国际惯例相适应的一种计价方法，有着广阔的发展前景，但是由于我国目前缺乏与之相匹配的市场价格系统，或者说，计价人员难以方便地获得分项工程单价。因此，综合单价法的广泛使用还需要一段时间。

3.2.4 预算定额指标的确定

1. 人工消耗指标的确定

人工定额,也称劳动定额,是指在正常的施工技术、组织条件下,为完成一定量的合格产品,或完成一定量的工作内容所确定的人工消耗量标准。2002 年的《装饰装修定额人工消耗量标准》是以劳动定额为基础确定的,其原则是:人工不分工种、技术等级,以综合人工表示。内容包括基本用工、辅助用工、超运距用工、人工幅度差。

人工消耗指标有两种确定方法:一种是以施工定额的劳动定额为基础确定;另一种是采用计量观察法进行测定计算。

(1)以劳动定额为基础计算人工消耗指标 装饰装修定额中的人工消耗指标,是指完成某一分项工程的各种人工用量的总和。其计算公式为

$$人工消耗指标=(基本用工+辅助用工+超运距用工)\times(1+人工幅度差系数) \quad (3.3)$$

① 基本用工。

基本用工是指完成一个分项工程所必须消耗的主要用工量。其工日数量必须按综合取定的工程量和劳动定额中的时间定额进行计算。其计算公式为

$$基本用工=\sum(工序工程量\times相应时间定额) \quad (3.4)$$

② 辅助用工。

辅助用工是指现场材料加工等用工,如:大理石倒角、预拼图案等增加的用工量,按辅助工种劳动定额相应项目计算。其计算公式为

$$辅助用工=\sum(加工材料数量\times相应时间定额) \quad (3.5)$$

③ 超运距用工。

超运距用工是指编制装饰装修定额时,材料、半成品等场内运输距离超过劳动定额运距需增加的工日数量。

装饰装修定额的水平运距是综合施工现场各技术工种的平均运距。技术工种劳动定额的运距是按其项目本身起码的运距而计入的。因此,装饰装修定额取定的运距往往要大于劳动定额的运距,超出的部分称为超运距。超运距的用工数量按劳动定额的相应材料超运距定额计算,如个别技术工种劳动定额没有超运距定额,可执行材料运输专业的定额。其计算公式为

$$超运距用工=\sum(超运距材料数量\times相应时间定额) \quad (3.6)$$
$$超运距=预算定额规定的运距-劳动定额规定的运距 \quad (3.7)$$

④ 人工幅度差。

人工幅度差是指装饰装修定额必须考虑到的正常情况下不可避免的零星用工,如工序搭接、机械移位、工程隐检、交叉作业等引起的工时损失及零星用工,人工幅度差反映装饰装修定额与劳动定额之间定额水平不同而引起的水平差。其内容如下:

a. 工序搭接的停歇时间损失。
b. 机械临时维护、小修、移动发生的不可避免的停工损失。
c. 工程检查所需的用工。
d. 细小的又不可避免的工序用工和零星用工。

e. 工序交叉、施工收尾、工作面小所影响的用工。

f. 施工前后配合机械,移动临时水管、电线所需要的用工。

g. 施工现场内单位工程之间操作地点转移的用工。

其计算公式为

$$人工幅度差 = (基本用工 + 辅助用工 + 超运距用工) \times 人工幅度差系数 \quad (3.8)$$

(2) 以现场测定资料为基础计算人工消耗指标　日益更新的新工艺、新结构如在劳动定额中未编制进去,则需要到施工现场进行测定,用写实、实测等办法,科学合理地测定和计算出定额的人工消耗量。

2. 材料消耗指标的确定

装饰装修定额中材料消耗指标是指在正常的施工条件下,完成单位合格产品所必须消耗的建筑装饰材料的数量标准,包括材料的净用量和现场内的各种正常损耗。它是计算分项工程综合单价和单位工程材料用量的重要指标。

(1) 材料在装饰装修定额中的分类

①按材料的使用性质分类。

a. 非周转性材料:指直接消耗在构成工程实体上的材料,如大理石、瓷砖、榉木板、中密度板等。

b. 周转材料:指施工中多次使用、周转而不构成工程实体的材料,它是一种工具性材料,如脚手架、模板等。

②按材料用量划分。

a. 主要材料:指直接构成工程实体而且用量较多的材料,其中包括成品、半成品材料。

b. 辅助材料:指构成工程实体,但用量较少的材料。

c. 次要材料:指用量少,价值不大,不便计算的零星材料,以"其他材料费"表示。

(2) 材料净用量计算方法　净用量是指直接用于装饰装修工程的材料数量。材料净用量的计算方法主要有以下几种:

①理论计算方法:根据设计、施工验收规范和材料规格等,从理论上计算用于工程的材料净用量,装饰装修定额中的材料消耗量主要是按这种方法计算的。

②施工图纸计算方法:根据装饰装修工程的设计图纸,计算各种材料的体积、重量或延长米。

③测定方法:根据现场测定资料,再计算材料用量。

④经验方法:根据以往的经验进行估算。

(3) 材料消耗量计算方法　材料消耗量应根据材料的性质、规格和用途不同,采用相应的计算方法确定。

①计算法:是通过计算的办法确定出材料的消耗量。凡满足以下任何条件之一者均可采用此方法。

a. 凡有标准规格的材料,按规范的要求可计算出定额的消耗量,如:墙面贴面砖、地面铺花岗石等。

b. 凡在设计图纸中对材料的下料尺寸有明确设计要求的,可按设计图纸尺寸要求计算材料净用量,如:轻钢龙骨石膏板顶棚、轻钢龙骨双面石膏板隔墙等。

c. 凡有实际积累的统计数据资料和经验数据相结合,再根据工程的实际情况,仔细分析,计算确定相应数据。

② 换算法:装饰装修定额中规定允许换算的各种材料,如胶结料、涂料等材料的配合比用料可根据装饰装修定额的相应要求来进行换算,从而得出材料的用量。也可采用其他省市相应的对口装饰装修定额,用增、减系数法而得出合理的消耗量。

③ 技术测定法:它包括两方面内容,一种是试验室试验法,另一种是现场观测法。试验室试验法的应用,如对各种强度等级的砂浆、混凝土所需耗用原材料用量的计算,则必须经过配合比计算,并按规范要求进行试压,试件达到质量要求合格后才能得出准确的水泥、砂、石子和水的用量。而对于一些没有数据的新材料、新结构,又不能采用上述方法计算耗用量,则必须采用现场观测法确定,根据不同条件和工程实际情况采用写实记录法和观察法,得出新材料、新结构消耗量。

(4) 材料消耗量计算

① 非周转材料消耗量计算。

装饰装修定额中非周转材料消耗量是根据材料消耗定额,并结合工程实际,通过计算法、技术测定法相结合等方法进行计算。

$$材料消耗量 = 净用量 + 损耗量 \qquad (3.9)$$

② 周转材料消耗量计算。

a. 一次使用量,指周转材料在不重复使用条件下的一次性用量。

$$一次使用量 = 单位构件所需周转材料净用量 \times (1 + 损耗率) \qquad (3.10)$$

b. 周转次数,指周转材料从第一次使用到最后不能再使用时的次数。

c. 周转使用量,是按材料周转次数和每次周转应发生的补损量等因素,计算生产一定计量单位结构构件每周转一次的平均使用量。补损量是指每周转使用一次的材料损耗,即在第二次和以后各次周转中为了修补不可避免的损耗所需要的材料消耗,常用补损率表示。

补损率的大小与材料的拆除、运输、堆放方法和施工现场的条件等因素有关。一般情况下,补损率随周转次数增多而变大,故一般采用平均补损率。

$$周转使用量 = \frac{一次使用量 + 一次使用量 \times (周转次数 - 1) \times 补损率}{周转次数} =$$

$$一次使用量 \times \frac{1 + (周转次数 - 1) \times 补损率}{周转次数} \qquad (3.11)$$

d. 回收量,是指周转材料每周转一次平均可以回收的数量。

$$回收量 = \frac{一次使用量 - 一次使用量 \times 补损率}{周转次数} =$$

$$一次使用量 \times \frac{1 - 补损率}{周转次数} \qquad (3.12)$$

e. 摊销量,指周转材料在重复使用条件下,平均每周转一次分摊到每一计量单位结构构件的材料消耗量。

$$摊销量 = 周转使用量 - 回收量 \times 回收折价率 \qquad (3.13)$$

式中回收折价率一般按 50% 计算。

(5)计算主要装饰材料定额含量的方法

①板材用量计算。

装饰装修工程中使用多种板材,包括大理石、花岗石板、木地板、各种墙、柱面饰面板(如刨花板、石膏板等)、以及各种顶棚面层和饰面。定额中板材用面积(m^2)表示,板材定额含量计算公式为

$$板材定额含量=定额计量单位×(1+损耗率) \quad (3.14)$$

②块料用量计算。

装饰装修工程中使用块料的数量、品种较多,有各种楼地面地砖、缸砖,内外墙面砖、瓷砖等。块砖定额含量的计算公式为

$$块数用量/(块数·m^{-2})=\frac{定额计量单位}{(块料长+灰缝宽)×(块料宽+灰缝宽)}×(1+损耗率) \quad (3.15)$$

③砂浆用量计算。

装饰装修工程中的结合层、找平层、面层等各种不同配合比的砂浆,如水泥砂浆、混合砂浆、素水泥浆、石灰砂浆等,其定额含量计算公式为

$$砂浆用量/(m^3·m^{-2})=定额计量单位×层厚×(1+损耗率) \quad (3.16)$$

④贴块料面层灰缝或勾缝灰浆用量计算。

灰缝或勾缝灰浆定额含量计算公式为

$$灰缝或勾缝灰浆用量=(定额计量单位-块料长×块料宽×块料净用量)×$$
$$灰缝深×(1+损耗率) \quad (3.17)$$

⑤顶棚方木龙骨用量计算。

顶棚方木龙骨定额含量计算公式为

$$顶棚方木龙骨用量/(m·m^{-2})=\frac{\sum(龙骨断面积×龙骨长×根数)}{房间净长×房间净宽}×(1+损耗率) \quad (3.18)$$

式中 龙骨长=房间净长+两端搁置长度

⑥隔墙木龙骨用量计算。

隔墙木龙骨包括上槛、下槛、纵横木筋,木龙骨的断面尺寸一般有 30 mm×40 mm,40 mm×60 mm,50 mm×70 mm 或 50 mm×100 mm 等,间距一般为 300~600 mm。其隔墙木龙骨定额含量计算公式为

$$隔墙木龙骨用量/(m·m^{-2})=\frac{(竖龙骨长×根数+横龙骨长×根数)×断面积}{取定面积}×(1+损耗率) \quad (3.19)$$

3. 施工机械台班消耗指标的确定

装饰装修定额中的施工机械台班消耗指标,是指在正常施工的条件下,完成单位合格产品所必须消耗的机械台班数量标准。

(1)机械台班消耗量计算 施工机械台班消耗指标,是按劳动定额规定的机械台班产量或小组产量进行计算的。

① 大型专业机械。

大型专业机械的台班量,应根据劳动定额并考虑一定的机械幅度差确定。

机械幅度差是指劳动定额规定范围内未包括而实际施工中又难以避免发生的机械台班量。机械幅度差确定时应考虑以下几种因素:

a. 施工机械转移和配套机械相互影响而损失的时间。

b. 在正常的施工条件下,施工机械不可避免的工序间歇。

c. 因检查工程质量影响机械工作的时间。

d. 冬期施工中发动机械时所需增加的时间。

e. 现场临时性水电线路的移动和临时停水、停电(不包括社会正常停电)所发生的机械停歇时间。

f. 配合机械施工的工人,在人工幅度差范围内的工作停歇而影响机械操作。

g. 施工初期限于条件所造成的工效低,施工中和工程结尾时任务不饱满所损失的时间。

在计算机械台班消耗量时,机械幅度差用幅度差系数表示。其计算公式为

$$大型专业机械台班消耗量 = \frac{装饰装修定额计量单位值}{机械台班产量定额} \times 机械幅度差系数 \quad (3.20)$$

② 塔吊、卷扬机及中、小型机械。

垂直运输机械(如塔吊)、卷扬机和搅拌机等是按小组配用的,应按小组产量计算施工机械台班消耗量而不另增加施工机械幅度差。其计算公式为

$$机械台班消耗量 = \frac{装饰装修定额计量单位值}{小组总产量} =$$

$$\frac{装饰装修定额计量单位值}{小组人数 \times \sum(分项计算取定比重 \times 劳动定额综合产量)} \quad (3.21)$$

(2) 机械台班消耗指标的确定方法

① 根据劳动定额确定机械台班消耗量,是指根据劳动定额中机械台班产量加机械幅度差计算装饰装修定额的机械台班消耗量的方法。

② 以现场测定资料为基础确定机械台班消耗量。如遇劳动定额缺项,则需依据单位时间完成的产量确定。

3.2.5 预算定额换算

在确定某一工程项目单位预算价格时,如果施工图设计的工程项目内容与所套用相应定额项目内容的要求不完全一致,并且定额规定允许换算,则应按定额规定的换算范围、内容和方法进行定额换算。定额项目的换算,就是将定额项目规定的内容与设计要求的内容取得一致的换算或调整的过程。

目前,各专业部或省、市、自治区现行的装饰装修工程预算定额中的总说明、分部工程说明和定额项目表及附注内容中都有所规定:对于某些工程项目的工程量,定额基价(或其中的人工费),材料品种、规格和数量增减,装饰砂浆配合比不同,使用机械、脚手架、垂直运输原定额需要增加系数等方面,均允许进行换算或调整。以下换算或调整的范围、内容和方法,均以某市现行的装饰装修工程预算定额为例。

1. 工程量换算法

工程量的换算,是依据装饰装修工程预算定额中的规定,将施工图设计工程项目的工程量,乘以定额规定的调整系数。换算后的工程量,一般可按下式计算:

$$换算后的工程量 = 按施工图计算的工程量 \times 定额规定的调整系数 \quad (3.22)$$

2. 系数增减换算法

施工图设计的工程项目内容与定额规定的相应内容有的不完全相符,定额规定在其允许范围内,采用增减系数调整定额基价或其中的人工费、机械使用费等。

系数增减换算的方法步骤如下:

(1)根据施工图设计的工程项目内容,从定额手册目录中,查出工程项目所在定额中的页数及其部位,并判断是否需要增减系数,调整定额项目。

(2)如需调整,从定额项目表中查出调整前定额基价和人工费(或机械使用费等),并从定额总说明、分部工程说明或附注内容中查出相应调整系数。

(3)计算调整后的定额基价,一般可按下式进行计算:

$$调整后定额基价 = 调整前定额基价 \pm [定额人工费(或机械费) \times 相应调整系数] \quad (3.23)$$

(4)写出调整后的定额编号。

(5)计算调整后的预算价值,一般可按下式计算:

$$调整后预算价值 = 工程项目工程量 \times 调整后定额基价 \quad (3.24)$$

3. 材料价格换算法

当装饰装修材料的"主材"和"五材"(见表3.1)的市场价格,与相应定额预算价格不同而引起定额基价的变化时,必须进行换算。

表 3.1 装饰装修"主材"和"五材"项目表

项　　目	内　　容
装饰装修主材	铝合金、不锈钢、有色金属、轻钢骨架、石膏板、大理石、花岗岩板、玻璃马赛克、艺术瓷砖、艺术马赛克、墙布纸、进口玻璃、铝合金电化装饰板、镁铝曲板、玻璃镜子、铝合金五金、防静电地板、塑料地板块、玻璃砖等
装饰装修五材	水泥、钢材、木材、沥青、玻璃

材料价格换算的方法步骤如下:

(1)根据施工图纸设计的工程项目内容,从定额手册目录中查出工程项目所在定额的页数及其部位,并判断是否需要定额项目换算。

(2)如需换算,则从定额项目中查出工程项目相应的换算前定额基价、材料预算价格和定额消耗量。

(3)从装饰装修材料市场价格信息资料中,查出相应的材料市场价格。

(4)计算换算后定额基价,一般可用下式计算:

$$换算后定额基价 = 换算前定额基价 + [换算材料定额消耗量 \times (换算材料市场价格 - 换算材料预算价格)] \quad (3.25)$$

(5)写出换算后的定额编号。
(6)计算换算后预算价值,一般可用下式计算:

$$\text{换算后预算价值} = \text{工程项目工程量} \times \text{相应的换算后定额基价} \quad (3.26)$$

4. 材料用量换算法

当施工图设计的工程项目的主材用量,与定额规定的主材消耗量不同而引起定额基价的变化时必须进行定额换算。其换算的方法步骤如下。

(1)根据施工图设计的工程项目内容,从定额手册目录中,查出工程项目所在定额手册中的页数及其部位,并判断是否需要进行定额换算。

(2)从定额项目表中,查出换算前的定额基价、定额主材消耗量和相应的主材预算价格。

(3)计算工程项目主材的实际用量和定额单位实际消耗量,一般可按下式计算:

$$\text{主材实际用量} = \text{主材设计净用量} \times (1 + \text{损耗率}) \quad (3.27)$$

$$\text{定额单位主材实际消耗量} = \text{主材实际用量}/\text{工程项目工程量} \times \text{工程项目定额计量单位} \quad (3.28)$$

(4)计算换算后的定额基价,一般可按下式进行计算:

$$\text{换算后的定额基价} = \text{换算前定额基价} + (\text{定额单位主材实际消耗量} \\ - \text{定额单位主材定额消耗量}) \times \text{相应主材预算价格} \quad (3.29)$$

(5)写出换算后的定额编号。
(6)计算换算后的预算价格。

5. 材料种类换算法

当施工图设计的工程项目所采用的材料种类,与定额规定的材料种类不同而引起定额基价的变化时,定额规定必须进行换算,其换算的方法和步骤如下。

(1)根据施工图设计的工程项目内容,从定额手册目录中查出工程项目所在定额手册中的页数及其部位,并判断是否需要进行定额换算。

(2)如需计算,从定额项目表中查出换算前定额基价,换算出材料定额消耗量及相应的预算定额。

(3)计算换入材料定额计量单位消耗量,并查出相应的市场价格。

(4)计算定额计量单位换入(出)材料费,一般可按下式计算:

$$\text{换入材料费} = \text{换入材料市场价格} \times \text{相应材料定额单位消耗量} \quad (3.30)$$

$$\text{换出材料费} = \text{换出材料预算价格} \times \text{相应材料定额单位消耗量} \quad (3.31)$$

(5)计算换算后的定额基价,一般可按下式计算:

$$\text{换算后定额基价} = \text{换算前定额基价} + (\text{换入材料费} - \text{换出材料费}) \quad (3.32)$$

(6)写出换算后定额编号。
(7)计算换算后的预算价格。

6. 材料规格换算法

当施工图设计的工程项目的主材规格与定额规定的主材规格不同而引起定额基价的变化时,定额规定必须进行换算。与此同时,也应进行差价调整。其换算与调整的方法和

步骤如下:

(1)根据施工图设计的工程项目内容,从定额手册目录中,查出工程项目所在的定额页数及其部位,并判断是否需要进行定额换算。

(2)如需换算,从定额项目表中,查出换算前定额基价、需要换算的主材定额消耗量及其相应的预算价格。

(3)根据施工图设计的工程量内容,计算应换算的主材实际用量和定额单位实际消耗量,一般有下列两种方法。

①虽然主材不同,但两者的消耗量不变。此时,必须按定额规定的消耗量执行。

②因规格改变,引起主材实际用量发生变化。此时,要计算设计规格的主材实际用量和定额单位实际消耗量。

(4)从装饰装修材料市场价格信息资料中,查出施工图采用的主材相应的市场价格。

(5)计算定额计量单位两种不同规格主材费的差价,一般可按下式计算:

$$差价 = 定额计量单位选用规格主材费 - 定额计量单位定额规格主材费 \quad (3.33)$$

$$定额计量单位图纸规格主材费 = 定额计量单位选用规格主材实际消耗量 \times 相应主材市场价格 \quad (3.34)$$

$$定额计量单位定额规格主材费 = 定额规格主材消耗量 \times 相应的主材定额预算价格 \quad (3.35)$$

(6)计算换算后的定额基价,一般可按下式计算:

$$换算后定额基价 = 换算前定额基价 \pm 差价 \quad (3.36)$$

(7)写出换算后定额编号。

(8)计算换算后的预算价格。

7. 砂浆配合比换算法

当装饰砂浆配合比不同而引起相应定额基价的变化时,定额规定必须进行换算,其换算的方法步骤如下。

(1)根据施工图设计的工程项目内容,从定额手册目录中,查出工程项目所在定额手册中的页数及其部位,并判断施工图设计的装饰砂浆的配合比,与定额规定的砂浆配合比是否一致,如不一致,则应按定额规定的换算范围进行换算。

(2)从定额手册附录一的《装饰砂浆配合比》表中,查出工程项目与其相应的定额规定不相一致,需要进行换算的两种不同配合比砂浆每立方米的预算价格,并计算两者的差价。

(3)从定额项目表中,查出工程项目换算前的定额基价和相应的装饰砂浆的定额消耗量。

(4)计算换算后的定额基价,一般可按下式进行计算:

$$换算后定额基价 = 换算前定额基价 \pm (应换算砂浆定额消耗量 \times 两种不同配合比砂浆预算价格价差) \quad (3.37)$$

(5)写出换算后的定额编号。

(6)计算换算后的预算价格。

8. 补充定额的编制——"生项"确定

在预算中某些工程有时碰上"生项"。所谓"生项"就是分项工程中若无定额套用或不允许换算时要另编补充定额。

(1) 出现生项的原因

①设计中采用了定额项目中没有选用的新材料或构造做法。
②在结构设计上采用了定额中没有的新的结构做法。
③设计中选用的砂浆配合比或混凝土配合在定额中未列出。
④施工中采用了定额中未包括的施工工艺。
⑤施工中使用了定额中未考虑的新的施工机具。

遇到"生项"时，应按现行预算定额的编制原则与有关规定编制补充生项定额。

(2) 生项的编制原则

①生项定额中的组成内容必须与现行定额中同类项目相一致。
②材料消耗量必须符合现行定额规定。
③工、料、机单价必须与现行预算定额统一。
④施工中可能发生的各种情况必须考虑全面。
⑤各项数据必须是实际施工情况统计或实验结果，数据计算必须实事求是。

(3) 编制补充"生项"需要准备的资料

①设计要求：包括设计图纸选用的配合比、材料品种、规格、性能、设计尺寸和设计要求的施工工艺。
②施工组织设计及施工概况：总工程量、总施工天数、其中作业天数、停滞天数、参加施工的各工种人数、使用机械的型号、规格、台班、场内材料水平运距等。
③测定资料：劳动效率、材料损耗、机械效率和单方材料消耗量等测定资料。
④有关试验报告：有关配合比和材料性能的试验报告。

(4) 生项劳动力消耗量　按投入的总工日及总工程量计算。

$$定额合计工日 = \frac{施工投入总工日}{总工程量} \tag{3.38}$$

(5) 生项材料消耗量　按施工过程中实际总耗用量和总工程计算。

$$定额材料耗用量 = \frac{总耗用量}{总工程量} \tag{3.39}$$

(6) 生项机械台班耗用量　按投入施工过程中的作业班数与总工程量计算。

$$机械台班耗用量 = \frac{作业台班总量}{总工程量} \tag{3.40}$$

3.2.6 装饰装修工程各费用

基础单价具体包括人工工日单价、材料预算价格和机械台班单价。这些单价是计算和确定定额各项人工费、材料费和机械费以及定额单价的基础数据。

1. 人工工日单价

(1) 人工单价的组成　人工工日单价是指一个建筑安装工人一个工作日在预算中应

计入的全部人工费用。

人工工日单价由基本工资、工资性补贴、辅助工资、职工福利费和劳动保护费等几部分组成(见表 3.2)。人工工日单价的组成内容在各部门各地区并不完全相同,或多或少地存在差异。其计算公式为

人工单价＝(基本工资＋工资性津贴＋辅助工资＋劳动保护费和职工福利费)÷月平均工作天数 (3.41)

式中月平均工作天数/天＝(365－52×2－10)/12＝20.92

表 3.2 人工单价的组成内容

基 本 工 资	岗位工资	工资性津贴	地区津贴
			物价补贴
	技能工资		养老保险
			医疗保险
	年功工资	辅 助 工 资	非作业工日发放的工资和工资性补贴
工资性津贴	交通补贴	劳动保护费和职工福利费	劳动保护
	流动施工津贴		书报费
	房　补		洗理费
	工资附加		取暖费

(2)影响人工单价的因素　影响建筑安装工人人工单价的因素很多,归纳起来包括以下几方面。

①社会平均工资水平:建筑安装工人人工单价必然和社会平均工资水平趋同。社会平均工资水平取决于经济发展水平。由于我国改革开放以来经济迅速增长,社会平均工资也有大幅增长,从而使人工单价大幅提高。

②生活消费指数:生活消费指数的提高会导致人工单价的提高,以减少生活水平的下降,或维持原来的生活水平。生活消费指数的变动决定于物价的变动,尤其决定于生活消费品物价的变动。

③人工单价的组成内容:例如,住房消费、养老保险、医疗保险和失业保险等。

2. 材料预算价格

(1)材料预算价格的组成　材料预算价格是指材料(包括构件、成品及半成品等)从其来源地(或交货地点)到达施工工地仓库后的出库价格。它具体包括材料原价、包装费、运输费、运输损耗费、检验试验费和包装品回收价值等。

①材料原价。

材料原价一般指材料的出厂价格或销售部门制定的批发价格及进口材料抵岸价。有时也称为材料平均原价,即指同一种材料因产地、供应渠道不同时出现几种原价,则其综合或平均原价可按其供应量的比例加权平均计算。材料平均原价计算公式为

材料平均原价＝∑(某产地或供货渠道的供货比例×相应的材料原价) (3.42)

②包装费。

包装费是指为保证材料完好运达目的地而对材料进行包装时所发生的工料费用,一

般按实结算,但不包括已计入材料原价的包装费。

包装费用包括水运和陆运的支撑、篷布、包装袋、包装箱和绑扎品等的费用,材料运到现场或使用后应对包装品进行回收,回收价值冲减材料预算价格。

③运输费。

运输费是指材料从采购地点运至工地仓库的全程运输费用,具体包括车船运费、吊车和驳船费、装卸费及附加工作费等。有时也称为平均运输费,即同一品种的材料有多个来源地,则其运输费用可根据每个来源地的运输里程、运输方法和运价标准,用加权平均的方法计算其平均运输费。

材料运输费应按照国家有关部门和地方政府交通运输部门的规定计算。一般情况下,计算公式为

$$\text{材料运输费或材料平均运输费} = \sum(\text{某产品或供货渠道的供货比例} \times \text{相应的运价标准} \times \text{相应的运输里程}) \quad (3.43)$$

④运输损耗费。

运输损耗费是指材料在装卸和运输过程中所发生的合理损耗费用。各类材料的运输损耗率可参照表3.3。

表3.3 各种材料的运输损耗率

材料类别	损耗率/%
机红砖、空心砖、砂、水泥、陶粒、耐火土、水泥地面砖、白瓷砖、卫生洁具、玻璃灯罩	1
机制瓦、脊瓦、水泥瓦	3
石棉瓦、石子、黄土、耐火砖、玻璃、色石子、大理石板、水磨石板、混凝土管、缸瓦管	0.5
砌砖	1.5

运输损耗费可计入运输费,也可以单独列项计算。其计算公式为

$$\text{运输损耗费} = \text{材料原价} \times \text{相应的材料运输损耗率} \quad (3.44)$$

⑤采购保管费。

采购保管费是指为组织材料的采购、供应和保管所发生的各项必需费用,一般按照材料到库价格的一定比率取定。其计算公式为

$$\text{采购保管费} = \text{材料运到工地仓库价格} \times \text{采购保管费率} = (\text{材料原价} + \text{供销部门手续费} + \text{包装费} + \text{运输费用} + \text{运输损耗费}) \times \text{采购保管费率} \quad (3.45)$$

⑥检验试验费。

检验试验费是指对建筑材料、构件和建筑安装物进行一般鉴定和检查所发生的费用,包括自设实验室进行试验所耗用的材料和化学药品等费用,不包括新结构、新材料的试验费,也不包括建设单位对具有出厂合格证明的材料进行检验,以及对构件做破坏性试验及其他特殊要求检验试验的费用。

⑦包装品回收价值。

包装品回收价值可采用下面公式计算：

$$包装品回收价值 = (包装品原价 \times 包装品回收率 \times 包装品回收价值率) \div 包装品标准容量 \tag{3.46}$$

包装品回收率及包装品回收价值率应按照国家和地方有关规定执行。

通过上述材料预算价格组成内容和计算确定方法的分析，则材料预算价格的计算公式为

$$材料预算价格 = 材料原价 + 包装费 + 运输费用 + 运输损耗费 + 采购保管费 + 检验试验费 - 包装品回收价值 \tag{3.47}$$

$$材料预算价格 = (材料原价 + 包装费 + 运输费用 + 运输损耗费) \times (1 + 采购保管费率) + 检验试验费 - 包装品回收价值 \tag{3.48}$$

(2) 影响材料预算价格变动的因素

① 市场供需变化。材料原价是材料预算价格中最基本的组成。市场供大于求价格就会下降；反之价格就会上升。因而市场供需变化会影响材料预算价格。

② 材料生产成本的变动直接导致材料预算价格的波动。

③ 流通环节的多少和材料供应体制也会影响材料预算价格。

④ 运输距离和运输方法的改变会导致材料运输费用的增减，从而会影响材料预算价格。

⑤ 国际市场行情会对进口材料价格产生影响。

3. 机械台班单价

机械台班单价是指一台施工机械在正常运转情况下，一个台班所应支出和分摊的全部费用。施工机械台班单价由 7 项费用组成，即折旧费、大修理费、经常修理费、安拆费及场外运输费、人工费、燃料动力费和其他费用等。

(1) 折旧费　折旧费是指施工机械在规定使用期限内，陆续收回其原值及购置资金的时间价值。其计算公式为

$$台班折旧费 = [预算价格 \times (1 - 残值率) \times 时间价值系数] / 耐用总台班 \tag{3.49}$$

式中　国产机械的预算价格 = 机械原值 + 一次运杂费 + 车辆购置税

进口机械预算价格 = 到岸价格 + 关税 + 增值税 + 消费税 + 外贸部门手续费和国内一次运杂费 + 财务税 + 车辆购置税

残值率——是指施工机械报废时回收其残余价值占机械原值的百分比。一般情况下，运输机械为 2%；掘进机械为 5%；其他机械：中小型机械为 4%，特、大型机械为 3%。

时间价值系数——指购置施工机械的资金在施工生产过程中随时间推移产生的单位增值。其计算公式为

$$时间价值系数 = 1 + 1/2 \times 年折现率 \times (折旧年限 + 1) \tag{3.50}$$

式中　年折现率——按编制期限银行年贷款利率确定；

折旧年限——施工机械逐年计提固定资产折旧的期限。

耐用总台班——是指施工机械从开始投入使用至报废前使用的总台班数。

(2) 大修理费　大修理费是指施工机械按规定的大修间隔台班进行必要的大修，以恢复其正常的功能所需的费用。其计算公式为

$$台班大修理费 = (一次大修理费 \times 寿命期大修理次数)/耐用总台班 \quad (3.51)$$

(3) 经常修理费 经常修理费是指施工机械除大修理以外的各级保养以及临时故障排除所需的费用。包括为保障机械正常运转所需替换设备与随机配备工具辅具的摊销和维护费用,机械运转及日常保养所需润滑擦拭材料费及机械停歇期间的维护和保养费用等。其计算公式为

$$台班经常修理费 = [\Sigma(各级保养一次费用 \times 寿命期各级保养次数) + 临时故障排除费] \div 耐用总台班 + 替换设备和工具辅具台班摊销费 + 例保辅料费 \quad (3.52)$$

当台班经常修理费计算公式中的各项数值难以确定,则可按下式计算:

$$台班经常修理费 = 台班大修理费 \times K \quad (3.53)$$

式中 K——台班经常修理费系数。

(4) 安拆费及场外运输费 安拆费是指施工机械在现场进行安装、拆卸所需人工、材料、机械和试运转费用,以及机械辅助设施的折旧、搭设和拆除等费用。

场外运输费是指施工机械整体或分体从停放地点运至施工现场,或从一个施工地点运至另一个施工地点的运输、装卸、辅助材料以及架线等费用。

安拆费及场外运输费根据施工机械不同分为计入台班单价、单独计算和不计算三种。

工地间移动较为频繁的小型机械及部分中型机械,安拆费及场外运输费应计入台班单价,计算公式为

$$台班安拆费及场外运输费 = (一次安拆费及场外运费 \times 年平均安拆次数)/年工作台班 \quad (3.54)$$

移动有一定难度的特、大型(包括少数中型)机械,其安拆费及场外运输费应单独计算。单独计算的安拆费及场外运输费除应计算其本身外,还应计算辅助设施(包括基础、底座、固定锚桩、行走轨道枕木等)的折旧、搭设和拆除等费用。

无需安装、拆卸且自身又能开行的机械和固定在车间无需安装、拆卸及运输的机械,其安拆费及场外运输费不计算。

(5) 人工费 人工费是指机上司机、司炉和其他操作人员的工作日人工费及在施工机械规定的年工作台班以外的人工费。其计算公式为

$$台班人工费 = 人工消耗量 \times [(1 + 年工作日 - 年工作台班)/年工作台班] \times 人工单价 \quad (3.55)$$

(6) 燃料动力费 燃料动力费是指施工机械在运转作业中所耗费的固体燃料(煤炭、木材)、液体燃料(汽油、柴油)和水电等费用。其计算公式为

$$台班燃料动力费 = \Sigma(燃料动力消耗量 \times 燃料动力单价) \quad (3.56)$$

(7) 其他费用 其他费用是指施工机械按照国家和有关部门规定应交纳的养路费、车船使用税、保险费和年检费用等。其计算公式为

$$台班其他费用 = (年养路费 + 年车船使用税 + 年保险费 + 年检费用)/年工作台班 \quad (3.57)$$

4. 建筑装饰装修工程费用的组成

建筑装饰装修工程费用的组成根据建设部[2003]206号文《费用项目组成》执行,自2004年1月1日起执行。建筑装饰装修工程费由直接费、间接费、利润和税金组成,如图3.1所示。

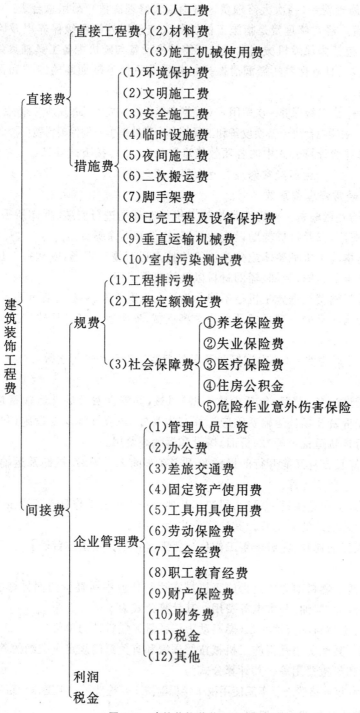

图 3.1 建筑装饰装修工程费用的组成

(1)直接费　直接费由直接工程费和措施费组成。

①直接工程费。

直接工程费是指施工过程中耗费的构成工程实体的各项费用,包括人工费、材料费和施工机械使用费。

②措施费。

措施费是指为完成装饰装修工程项目施工,发生于该工程施工前和施工过程中非工程实体项目的费用,包括以下内容:

a. 环境保护费:是指施工现场为达到环保部门要求所需要的各项费用。

b. 文明施工费:是指施工现场文明施工所需要的各项费用。

c. 安全施工费:是指施工现场安全施工所需要的各项费用。

d. 临时设施费:是指施工企业为进行建筑工程施工所必须搭设的生活和生产用的临时建筑物、构筑物和其他临时设施费用等。

临时设施包括:临时宿舍、文化福利及公用事业房屋与构筑物、仓库、办公室、加工厂,以及规定范围内的道路、水、电、管线等临时设施和小型临时设施。

临时设施费用包括临时设施的搭设、维修、拆除费或摊销费。

e. 夜间施工费:是指因夜间施工所发生的夜班补助费、夜间施工降效、夜间施工照明设备摊销及照明用电等费用。

f. 二次搬运费:是指因施工场地狭小等特殊情况而发生的二次搬运费用。

g. 脚手架费:是指施工需要的各种脚手架搭、拆、运输费用及脚手架的摊销(或租赁)费用。

h. 已完工程及设备保护费:是指竣工验收前,对已完工程及设备进行保护所需费用。

i. 垂直运输机械费:是指施工需要的各种垂直运输机械的台班费用。

j. 室内污染测试费:是指检测室内污染所需要的费用。

(2)间接费　间接费由规费和企业管理费组成。

①规费。

规费是指政府和有关权力部门规定必须缴纳的费用,包括以下内容:

a. 工程排污费:是指施工现场按规定缴纳的工程排污费。

b. 工程定额测定费:是指按规定支付工程造价(定额)管理部门的定额测定费。

c. 社会保障费:

养老保险费:是指企业按规定标准为职工缴纳的基本养老保险费。

失业保险费:是指企业按照国家规定标准为职工缴纳的失业保险费。

医疗保险费:是指企业按照规定标准为职工缴纳的基本医疗保险费。

住房公积金:是指企业按规定标准为职工缴纳的住房公积金。

危险作业意外伤害保险:是指按照建筑法规定,企业为从事危险作业的建筑安装施工人员支付的意外伤害保险费。

②企业管理费。

企业管理费是指建筑安装企业组织施工生产和经营管理所需费用,包括以下内容:

a. 管理人员工资:是指管理人员的基本工资、工资性补贴、职工福利费和劳动保护费等。

b. 办公费:是指企业管理办公用的文具、纸张、账表、印刷、邮电、书报、会议、水电、烧水和集体取暖(包括现场临时宿舍取暖)用煤等费用。

c. 差旅交通费:是指职工因公出差、调动工作的差旅费和住勤补助费,市内交通费和误餐补助费,职工探亲路费,劳动力招募费,职工离退休、退职一次性路费,工伤人员就医路费,工地转移费,以及管理部门使用的交通工具的油料、燃料、养路费和牌照费。

d. 固定资产使用费:是指管理和试验部门及附属生产单位使用的属于固定资产的房屋、设备仪器等的折旧、大修、维修或租赁费。

e. 工具用具使用费:是指管理使用的不属于固定资产的生产工具、器具、家具、交通工具,以及检验、试验、测绘、消防用具等的购置、维修和摊销等。

f. 劳动保险费:是指由企业支付离退休职工的易地安家补助费、职工退职金、六个月以上的病假人员工资、职工死亡丧葬补助费、抚恤费,以及按规定支付给离休干部的各项经费。

g. 工会经费:是指企业按职工工资总额计提的工会经费。

h. 职工教育经费:是指企业为职工学习先进技术和提高文化水平,按职工工资总额计提的费用。

i. 财产保险费:是指施工管理用财产、车辆保险。

j. 财务费:是指企业为筹集资金而发生的各种费用。

k. 税金:是指企业按规定缴纳的房产税、车船使用税、土地使用税、印花税等。

l. 其他:包括技术转让费、技术开发费、业务招待费、绿化费、广告费、公证费、法律顾问费、审计费和咨询费等。

(3)利润　利润是指施工企业完成所承包工程获得的盈利。

(4)税金　税金是指国家税法规定的应计入建筑安装工程造价内的营业税、城市维护建设税及教育费附加税等。

3.3 装饰装修工程企业定额

所谓企业编制定额,是指建筑安装企业根据本企业的技术水平和管理水平,编制完成单位合格产品所必需的工人、材料和施工机械台班的消耗量,以及其他生产经营要素所消耗的数量标准。企业定额反映企业的施工生产与生产消费之间的数量关系,是施工企业生产力水平的体现,每个企业均应拥有反映自己企业能力的企业定额。企业的技术和管理水平不同,企业定额水平也就不同。因此,企业定额是施工企业进行施工管理和投标报价的基础和依据,从一定意义上讲,企业定额是企业的商业秘密,是企业参与市场竞争的核心竞争能力的具体表现。

1. 企业定额的作用

装饰装修工程企业定额是装饰装修企业内部管理的定额,它是装饰装修企业管理工作的基础,也是工程建设定额体系的基础。

企业定额在企业管理工作中的基础作用主要表现在以下几个方面。

(1) 企业计划管理的依据　企业定额在企业计划管理方面的作用,表现在它既是企业编制施工组织设计的依据,也是承包商编制施工作业计划的依据。

施工组织设计是指导拟建工程进行施工准备和施工生产的技术经济文件,其基本任务是根据招标文件并按照合同协议的规定,确定出经济合理的施工方案,在人力和物力、时间和空间、技术和组织上对拟建工程作出最佳的安排。施工作业计划则是根据企业的施工计划、拟建工程的施工组织设计包括三部分内容:即资源需用量、使用这些资源的最佳时间安排和平面规划。施工中实物工作量和资源需用量的计算均要以企业定额的分项和计量单位为依据。施工作业计划是施工单位计划管理的中心环节,编制时也要用企业定额进行劳动力、施工机械和运输量的平衡;计算材料、构件等分期需用量和供应时间;计算实物工程量和安排施工形象进度。

(2) 组织和指挥施工生产的有效工具　承包商组织和指挥施工班组进行施工,是按照作业计划通过下达施工任务单和限额限料单来实现的。

施工任务单,既是下达施工任务的技术文件,也是班组经济核算的原始凭证。它列出了应完成的施工任务,也记录着班组实际完成任务的情况,并且进行班组工人的工资结算。施工任务单上的工程计量单位,产量定额和计件单位,均需取自施工的劳动定额,工资结算也要根据劳动定额的完成情况计算。

限额领料单是施工队随任务单同时签发的领取材料的凭证。这一凭证是根据施工任务和施工的材料定额填写的。其中领料的数量,是班组为完成规定的工程任务消耗材料的最高限额。这一限额也是评价班组完成任务情况的一项重要指标。

(3) 计算工人劳动报酬的依据　企业定额是衡量工人劳动数量和质量,提供出成果和效益较好的标准。所以,企业定额应是计算工人工资的基础依据。这样才能做到完成定额,工资报酬就多;达不到定额,工资报酬就会减少。真正实现多劳多得,少劳少得的分配原则。

(4) 企业激励工人的条件　激励在实现企业管理目标中占有重要位置。所谓激励,就是采取某些措施激发和鼓励员工在工作中积极性和创造性。行为科学的研究表明,如果职工受到充分的激励,其能力可发挥出 80%～90%;如果缺少激励,则仅仅能够发挥出 20%～30%。但激励只有在满足人们生理需要,而且也能满足自尊和获取他人(社会)认同的需要,并且进一步满足尽可能发挥个人潜力以实现自我价值的需要。如果没有企业定额这种标准尺度,实现以上几个方面的激励就缺少必要的手段。

(5) 推广先进技术的有利因素　企业定额水平中包含着某些已成熟的、先进的施工技术和经验,工人要达到和超过定额,就必须掌握和运用这些先进技术,如果工人要想大幅度超过定额,他就必须创造性地劳动。第一,在自己的工作中,注意改良工具和改进操作方法,注意原材料的节约,避免原材料和能源的浪费;第二,施工定额中往往明确要求采用某些较先进的施工工具和施工方法,所以贯彻企业定额也就意味着推广先进技术;第三,承包商为了推进施工定额,往往要组织技术培训,以帮助工人能达到和超过定额。技术培训和技术演示等方式也都可以大大普及先进技术和先进操作方法。

(6) 编制施工预算、加强企业成本管理的基础　施工预算是承包商用以确定单位工程上人工、机械、材料的资金需要量的计划文件。施工预算以施工定额为编制基础,既要反映设计图纸的要求,也要考虑在现有条件下可能采取的节约人工、材料和降低成本的各项具体措施。这就能够有效地控制施工中人力、物力消耗,节约成本开支。

施工中人工、机械和材料的费用,是构成工程成本中直接费用的主要内容,对间接费用的开支也有着很大的影响。严格执行企业定额不仅可以起到控制成本、降低费用开支的作用,同时也为企业加强班组核算和增加盈利,创造了良好的条件。

(7)进行工程投标、编制工程投标报价的基础和主要依据　施工定额作为企业定额,反映了本企业施工生产的技术水平和管理水平。在确定工程投标报价时,首先是依据企业定额,计算出承包商完成拟投标工程需要发生的计划成本。在掌握工程成本的基础上,再根据所处的环境和条件,确定在该工程上拟获得的利润、预计的工程风险费用和其他应考虑的因素,从而确定出投标报价。因此,企业定额是施工企业编制计算投标报价的基础。

由此可见,企业定额在建筑安装企业管理的各个环节中都是不可缺少的,企业定额管理是企业的基础性工作,具有不容忽视的作用。

企业定额在工程建设定额体系中的基础作用,是由企业定额作为生产定额的基本性质决定的。企业定额和生产结合最紧密,它直接反映生产技术水平和管理水平,而其他各类定额则是在较高的层次上、较大的跨度上反映社会生产力水平。

企业定额作为工程建设定额体系中的基础,主要表现在企业定额的水平是确定(概)预算定额和指标消耗水平的基础,更是确定建筑安装工程预算定额水平的基础。

以企业定额水平作为预算定额水平的计算基础,可以免除测定定额水平的大量繁杂工作,缩短工作周期,使预算定额与实际的生产和经营管理水平相适应,并能保证施工中的人力、物力消耗得到合理的补偿。

2. 企业定额编制的原则

(1)平均先进性原则　平均先进是就定额的水平而言。定额水平,是指规定消耗在单位产品上的劳动、机械和材料数量的多少。也可以说,它是按照一定施工程序和工艺条件下规定的施工生产中活劳动和物化劳动的消耗水平。所谓平均先进水平,就是指在正常的施工条件下,大多数施工队组和大多数生产者经过努力能够达到和超过的水平。

企业定额是以企业平均先进水平为基准来制定的,是多数部门和员工经过努力能够达到和超过的水平。

(2)简明适用性原则　简明适用性原则,就企业定额的内容和形式而言,是指便于定额的贯彻执行。制定企业定额的目的就在于定额适用于企业内部管理,具有可操作性。

定额的简明性和适用性,既有联系,又有区别。编制企业定额时应全面加以贯彻,当二者发生矛盾时,定额的简明性应服从适应性的要求。

贯彻定额的简明适用性原则,关键是做到定额项目设置齐全,项目划分粗细适当。还应正确选择产品和材料的计量单位,适当利用系数,并辅以必要的说明和附注。总之,贯彻简明适用性原则,要努力使企业定额达到项目齐全、粗细恰当和步骤合理的效果。

(3)以专家为主编制定额的原则　编制企业定额,要以专家为主,这是实践经验的总结。企业定额的编制要求有一支经验丰富、技术与管理知识全面、有一定政策水平和稳定的专家队伍,同时也要注意必须走群众路线,尤其是在现场测试和组织新定额试点时,这一点尤为重要。

(4)独立自主的原则 企业独立自主地制定定额,主要是自主地确定定额水平,自主地划分定额项目,自主地根据需要增加新的定额项目。但是,企业定额毕竟是一定时期承包商生产力水平的反映,它不可能也不应该割断历史。因此,企业定额应是对原有国家、部门和地区性施工定额的继承和发展。

(5)时效性原则 企业定额是一定时期内技术发展和管理水平的反映,所以在一定时期内表现为稳定的状态。这种稳定性又是相对的,它还有显著的时效性。当企业定额不再适应市场竞争和成本监控的需要时,它就要重新编制和修订,否则就会挫伤群众的积极性,甚至产生负效应。

(6)保密原则 企业定额的指标体系及标准要严格保密。建筑市场强手林立,竞争激烈。旧企业现行的定额水平,如在工程项目投标中被竞争对手获取,会使本企业陷入十分被动的境地,给企业带来不可估量的损失。所以,企业要有自我保护意识和相应的加密措施。

3. 企业定额的编制方法

编制企业定额最关键的工作是确定人工、材料和机械台班的消耗量,计算分项工程单价或综合单价。

人工消耗量的确定,首先是根据企业环境,拟定正常的施工作业条件,分别计算测定基本用工和其他用工的工日数,进而拟定施工作业的定额时间。

材料消耗量的确定,是通过企业历史数据的统计分析、理论计算、实地试验和实地考察等方法,计算确定材料包括周转材料的净耗量和损耗量,从而拟定材料消耗的定额指标。

机械台班消耗量的确定,同样需要按照企业的环境,拟定机械工作的正常施工条件,确定机械工作效率和利用系数,据此拟定施工机械作业的定额台班以及与机械作业相关的工人小组的定额时间。

第4章 建筑面积的计算

4.1 建筑面积的概述

1. 建筑面积的相关概念

(1)建筑面积的概念　建筑面积(亦称建筑展开面积),是指建筑物各层水平面积的总和。建筑面积是由使用面积、辅助面积和结构面积组成,其中使用面积与辅助面积之和称为有效面积。其公式为

建筑面积＝使用面积＋辅助面积＋结构面积＝有效面积＋结构面积　　(4.1)

(2)使用面积的概念　使用面积,是指建筑物各层布置中可直接为生产或生活使用的净面积总和。例如,住宅建筑中的卧室、起居室、客厅等。住宅建筑中的使用面积也称为居住面积。

(3)辅助面积的概念　辅助面积,是指建筑物各层平面布置中为辅助生产和生活所占净面积的总和。例如,住宅建筑中的楼梯、走道、厕所、厨房等。

(4)结构面积的概念　结构面积,是指建筑物各层平面布置中的墙体、柱等结构所占的面积的总和。

(5)首层建筑面积的概念　首层建筑面积,也称为底层建筑面积,是指建筑物底层勒脚以上外墙外围水平投影面积。首层建筑面积作为"二线一面"中的一个重要指标,在工程量计算时,将被反复使用。

2. 建筑面积的作用

(1)建筑面积是国家在经济建设中进行宏观分析和控制的重要指标　在经济建设的中长期计划中,各类生产性和非生产性的建筑面积,城市和农村的建筑面积,沿海地区和内陆地区的建筑面积,国民人均居住面积,贫困人口的居住面积等,都是国家及其各级政府要经常进行宏观分析和控制的重要指标,也是一个国家工农业生产发展状况、人民生活条件改善、文化福利设施发展的重要标志。

(2)建筑面积是编制概预算、确定工程造价的重要依据　建造面积在编制建设工程概预算时,是计算结构工程量或用于确定某些费用指标的基础,如计算出建筑面积之后,利用这个基数,就可以计算地面抹灰、室内填土、地面垫层、平整场地、脚手架工程等项目的预算价值。为了简化预算的编制和某些费用的计算,有些取费指标的取定,如中小型机械费、生产工具使用费、检验试验费、成品保护增加费等也是以建筑面积为基数确定的。建筑面积作为结构工程量的计算基础,不仅重要,而且也是一项需要认真对待和细心计算的工作,任何粗心大意都会造成计算上的错误,不但会造成结构工程量计算上的偏差,也会直接影响概预算造价的准确性,造成人力、物力和国家建设资金的浪费及大量建筑材料的

积压。

(3) 建筑面积指标是企业加强管理、提高投资效益的重要工具 建筑面积的合理利用,对合理进行平面布局,充分利用建筑空间,不断促进设计部门、施工企业及建设单位加强科学管理,降低工程造价,提高投资经济效益等都具有很重要的经济意义。

(4) 建筑面积是检查控制工程进度和竣工任务的重要指标 在进行工程进度分析时,"已完工面积""已竣工面积"和"在建面积"等统计数据,都是以建筑面积指标来表示的。

(5) 建筑面积是审查评价建筑工程单位造价标准的主要衡量指标 如经济适用房的标准要求在 500~800 元/m² 左右,豪华住宅标准多在 1 500~2 000 元/m² 左右,高级别墅的标准一般为 2 500 元/m² 以上等。不同档次的建筑,对造价标准的要求均不一样,其统一衡量的标准均以建筑面积为基本依据。

(6) 建筑面积是划分工程类别的标准之一 有些省市在计算施工管理费、临时设施费和利润时,是按工程类别确定取费标准的,例如民用建筑,一般建筑面积大于 10 000 m² 为一类工程,6 000~10 000 m² 为二类工程,3 000~6 000 m² 为三类工程,小于 3 000 m² 为四类工程等。

3. 与建筑面积有关的重要技术经济指标

(1) 单位工程每平方米建筑面积消耗指标(亦称单方消耗指标)

①单方造价 $= \dfrac{\text{单位工程造价}}{\text{建筑面积}}$ (4.2)

②单方工(料、机)耗用量 $= \dfrac{\text{单位工程工(料、机)耗用量}}{\text{建筑面积}}$ (4.3)

(2) 建筑平面系数指标体系 建筑平面系数指标体系是指反映建筑设计平面布置合理性的指标体系,通常包括 4 个指标,即平面系数、辅助面积系数、结构面积系数和有效面积系数。

①建筑平面系数(K 值) $= \dfrac{\text{使用面积(住宅为居住面积)}}{\text{建筑面积}} \times 100\%$ (4.4)

在居住建筑中,K 值一般为 50%~55%。

②辅助面积系数 $= \dfrac{\text{辅助面积}}{\text{建筑面积}} \times 100\%$ (4.5)

③结构面积系数 $= \dfrac{\text{结构面积}}{\text{建筑面积}} \times 100\%$ (4.6)

④有效面积系数(K_1 值) $= \dfrac{\text{有效面积}}{\text{建筑面积}} \times 100\%$ (4.7)

(3) 建筑密度指标 建筑密度指标是反映建筑用地经济性的主要指标之一。

建筑密度 $= \dfrac{\text{建筑基底总面积(建筑底层占地面积)}}{\text{建筑用地总面积}}$ (4.8)

(4) 建筑面积密度(容积率)指标 建筑面积密度指标是反映建筑用地使用强度的主要指标。一般情况下,建筑面积密度大,则土地利用程度高,土地的经济性较好。但过分追求建筑面积密度,会带来人口密度过大的问题,影响居住质量。

建筑面积密度(容积率) $= \dfrac{\text{总建筑面积}}{\text{建筑用地面积}}$ (4.9)

4.2 建筑面积计算规则及示例

4.2.1 建筑面积计算规则

1.计算建筑面积的范围

(1)单层建筑物

①单层建筑物不论其高度如何,均按一层计算建筑面积。其建筑面积按建筑物外墙勒脚以上结构的外围水平面积计算,如图 4.1 所示。

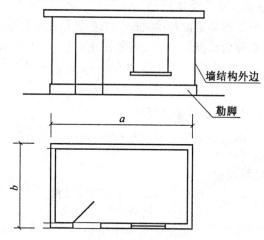

图 4.1 单层建筑物面积计算示意图

该建筑物的建筑面积为

$$S = a \times b \tag{4.10}$$

②单层建筑物内设有部分楼层者,首层建筑面积已包括在单层建筑物内,二层及二层以上应计算建筑面积,如图 4.2 所示。

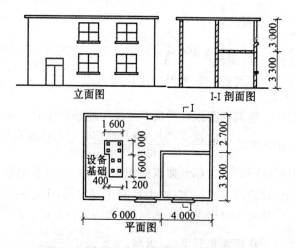

图 4.2 建筑面积计算示意图(单位:mm)

③高低联跨的单层建筑物,需分别计算建筑面积时,应以结构外边线为界分别计算,如图4.3所示。

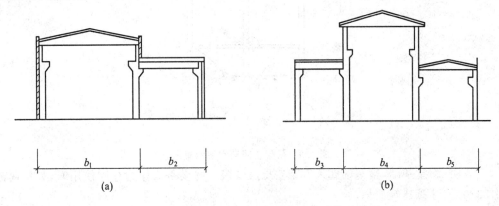

图4.3 高低联跨单层建筑物建筑面积计算示意图

高跨建筑面积:
$$S_1 = 建筑物长 \times b_1 \tag{4.11}$$
$$S_2 = 建筑物长 \times b_4 \tag{4.12}$$

低跨建筑面积:
$$S_3 = 建筑物长 \times b_2 \tag{4.13}$$
$$S_4 = 建筑物长 \times (b_3 + b_5) \tag{4.14}$$

(2)多层建筑物建筑面积,按各层建筑面积之和计算,其首层建筑面积按外墙勒脚以上结构的外围水平面积计算,二层及二层以上按外墙结构的外围水平面积计算。

说明:①"二层及二层以上",指楼面各层的平面部署有可能不同,故建筑面积不同,所以要分层计算。

②当各楼层与底层建筑面积相同时,其建筑面积等于底层建筑面积乘以层数。

(3)同一建筑物如结构、层数不同时,应分别计算建筑面积。

说明:当底层是现浇钢筋混凝土框架结构,楼上各层是砖混结构时,应按结构类型分别计算建筑面积。

(4)地下室、半地下室、地下车间、仓库、商店、车站、地下掩体及其相应出入口的建筑面积,按其上口外墙(不包括采光井、防潮层及其防护墙)外围水平面积计算,如图4.4所示。

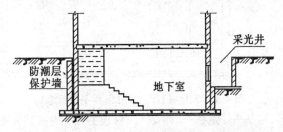

图4.4 地下室示意图

(5)建于坡地的建筑物利用吊脚空间设置架空层和深基础地下架空层设计加以利用时,其层高超过2.20 m时,按围护结构外围水平面积计算建筑面积,如图4.5所示。

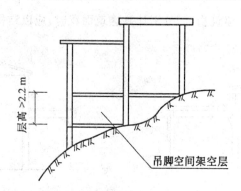

图 4.5 吊架空间架空层示意图

说明:满堂基础、箱基础如果有架空层且安装一些设备或作为仓库使用时,如层高超过 2.20 m,才算建筑面积。

(6)穿过建筑物的通道,建筑物内的门厅、大厅,不论其高度如何,均按一层建筑面积计算(见图 4.6)。门厅、大厅内设有回廊时,按其自然层的水平投影面积计算建筑面积。

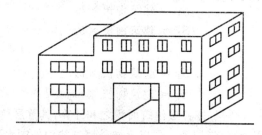

图 4.6 穿过建筑物的通道示意图

说明:"门厅、大厅内设有回廊"是指在建筑物内大厅或门厅上部(二层或二层以上),四周向大厅或门厅中心挑出的走廊,如图 4.7 所示。

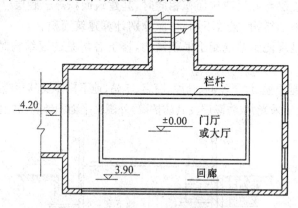

图 4.7 大厅、门厅内设有回廊平面示意图

(7)室内楼梯间、电梯井、提物井、垃圾道、管道井等,均按建筑物的自然层计算建筑面积,如图 4.8 所示。

说明:①电梯井是指上人或送物电梯用的垂直通道。

②提物井是指图书馆提升书籍、酒店用于提升食物的垂直通道。

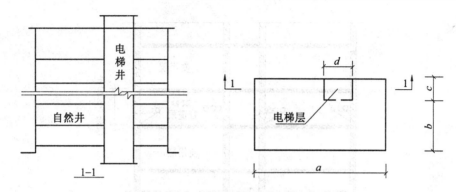

图 4.8 室内电梯井示意图

③垃圾道是指倾倒垃圾的垂直通道。

④管道井是指宾馆或写字楼内集中安装给排水、暖通、消防、通信、电线管道用的垂直通道。

⑤"均按建筑物的自然层计算建筑面积"是指上述通道经过了几层楼,就用通道的水平投影面积乘上几层计算建筑面积。

(8)书库、立体仓库设有结构层的,按结构层计算建筑面积,没有结构层的,按承重书架层或货架层计算建筑面积,如图 4.9 所示。

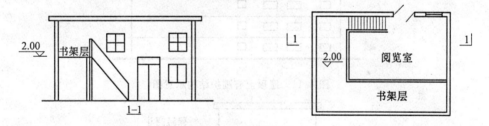

图 4.9 书库结构示意图

(9)有围护结构的舞台灯光控制室,按其围护结构外围水平面积乘以层数计算建筑面积。

(10)建筑物内设备管道层、贮藏室其层高超过 2.20 m 时,应计算建筑面积,如图 4.10 所示。

(11)有柱的雨篷、车棚、货棚、站台等,按柱外围水平投影面积计算建筑面积;独立柱的雨篷、单排柱的车棚、货棚、站台等,按其顶盖水平投影面积的一半计算建筑面积。

(12)屋面上部有围护结构的楼梯间、水箱间、电梯机房,按围护结构外围水平面积计算建筑面积,如图 4.11 所示。

(13)建筑物外有围护结构的门斗、眺望间、观望电梯间、阳台、橱窗、挑廊等,按其围护结构外围水平面积计算建筑面积,如图 4.12、4.13 所示。

(14)建筑物外有柱和顶盖的走廊、檐廊,按柱外围水平面积计算建筑面积;有盖无柱的走廊、檐廊挑出墙外宽度在 1.5 m 以上时,按其顶盖投影面积的一半计算建筑面积。无围护结构的凹阳台、挑阳台,按其水平面积的一半计算建筑面积。建筑物间有顶盖的架空走廊,按其顶盖水平投影面积计算建筑面积,如图 4.14~4.17 所示。

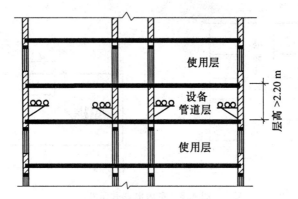

图 4.10　设备管道层示意图

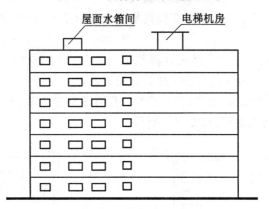

图 4.11　屋顶上有围护结构示意图

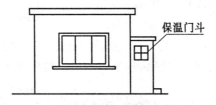

图 4.12　有围护结构的门斗

图 4.13　眺望间示意图

第4章 建筑面积的计算

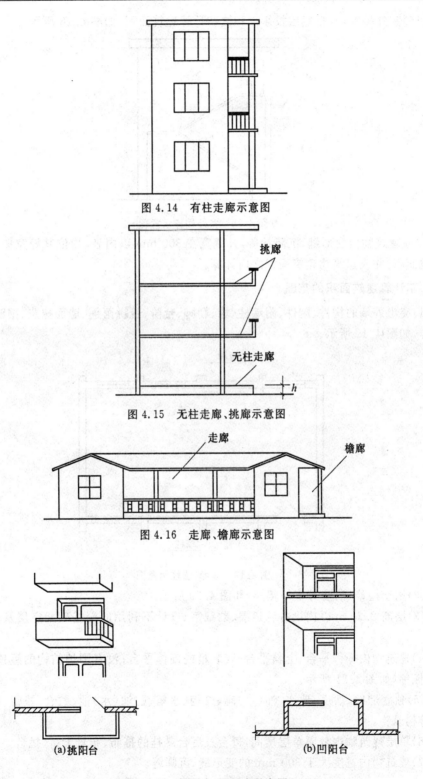

图4.14 有柱走廊示意图

图4.15 无柱走廊、挑廊示意图

图4.16 走廊、檐廊示意图

图4.17 挑阳台、凹阳台示意图

(15)室外楼梯,按自然层投影面积之和计算建筑面积,如图4.18所示。

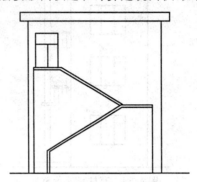

图4.18 室外楼梯示意图

(16)建筑物内变形缝、沉降缝等,凡缝宽在300 mm以内者,均依其缝宽按自然层计算建筑面积,并入建筑物建筑面积之内计算。

2. 不计算建筑面积的范围

(1)突出外墙的构件、配件、附墙柱、垛、勒脚、台阶、悬挑雨篷、墙面抹灰、镶贴块材、装饰面等,如图4.19所示。

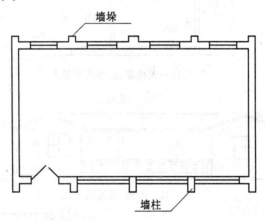

图4.19 墙垛、墙柱示意图

(2)用于检修、消防等室外爬梯,如图4.20所示。

(3)层高2.20 m以内设备管道层、贮藏室、设计不利用的深基础架空层及吊脚架空层。

(4)建筑物内操作平台、上料平台、安装箱或罐体平台;没有围护结构的屋顶水箱、花架、凉棚等,如图4.21所示。

(5)独立烟囱、烟道、地沟、油(水)罐、气柜、水塔、贮油(水)池、贮仓、栈桥、地下人防通道等构筑物。

(6)单层建筑物内分隔单层房间,舞台及后台悬挂的幕布、布景天桥、挑台。

(7)建筑物内宽度大于300 mm的变形缝、沉降缝。

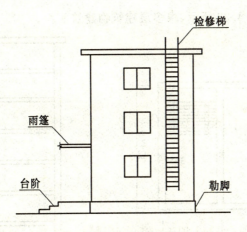

图 4.20 雨篷、台阶、检修梯示意图

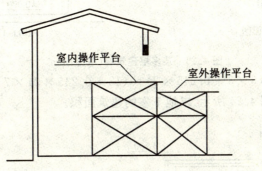

图 4.21 操作平台示意图

4.2.2 计算示例

【示例 4.1】 如图 4.22 所示,求其建筑面积。

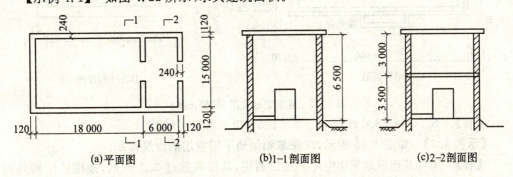

(a)平面图　　　　(b)1—1 剖面图　　　　(c)2—2 剖面图

图 4.22 某单层建筑(单位:mm)

【解】 单层建筑物内设有部分楼层者,首层建筑面积已包括在单层建筑物内,二层及二层以上应计算建筑面积。

$S/m^2 = (18.0 + 6.0 + 0.24) \times (15.0 + 0.24) + (6.0 + 0.24) \times (15.0 + 0.24) = 464.52$

【示例 4.2】 如图 4.23 所示,求多层建筑物建筑面积。

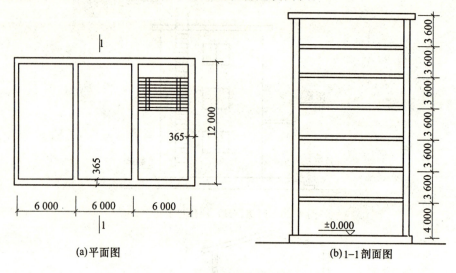

(a)平面图　　(b)1-1剖面图

图 4.23　某多层建筑物(单位:mm)

【解】　$S/m^2 = (6 \times 3 + 0.245 \times 2) \times (12 + 0.245 \times 2) \times 7 \approx 1\ 616.58$

【示例 4.3】 如图 4.24 所示,求地下室的建筑面积。

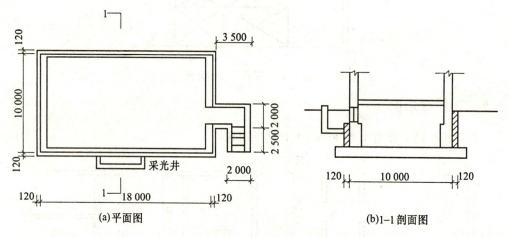

(a)平面图　　(b)1-1剖面图

图 4.24　地下室示意图(单位:mm)

【解】　$S/m^2 = 18.0 \times 10.0 + 2 \times 2.5 + 2 \times 3.5 = 192$

【示例 4.4】 如图 4.25 所示,求深基础做地下架空层的建筑面积。

【解】　用深基础做地下架空层并加以利用,其层高超过 2.2 m 的,按围护结构外围水平投影面积计算建筑面积。

$$S/m^2 = 15.0 \times 6.0 = 90.0$$

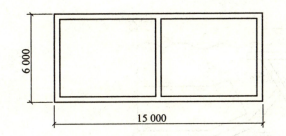
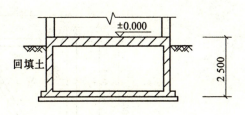

图 4.25 深基础做地下架空层(单位:mm)

【示例 4.5】 某实验楼设有 6 层大厅带回廊,其平面和剖面示意图如图 4.26 所示。试计算其大厅和回廊的建筑面积。

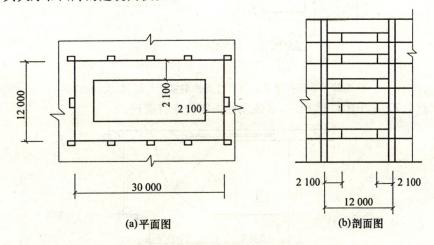

图 4.26 某实验楼平面和剖面示意图(单位:mm)

【解】 如图 4.26 所示,计算为

大厅部分建筑面积 $S_1/m^2 = 12 \times 30 = 360$

回廊部分建筑面积 $S_2/m^2 = (30-2.1+12-2.1) \times 2.1 \times 2 \times 5 = 793.80$

【示例 4.6】 如图 4.27 所示,求某舞台灯光控制室建筑面积的工程量。

【解】 有围护结构的舞台灯光控制室,按其围护结构外围水平面积乘以层数计算建筑面积。

$$S_1/m^2 = \frac{4.00+0.24+2.00+0.24}{2} \times (4.50+0.12) = 3.24 \times 4.62 = 14.97$$

$$S_2/m^2 = (2.00+0.24) \times (4.50+0.12) = 2.24 \times 4.62 = 10.35$$

$$S_3/m^2 = (1.00/2) \times (4.50+0.12) = 0.5 \times 4.62 = 2.31$$

$$S/m^2 = 14.97+10.35+2.31 = 27.63$$

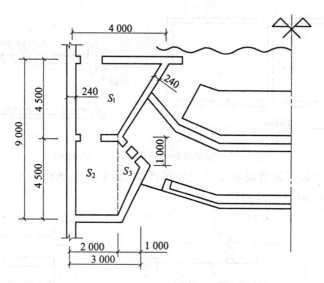

图 4.27 有围护结构的舞台灯光控制室示意图(单位:mm)

【示例 4.7】 如图 4.28 所示,求独立柱雨篷的建筑面积。

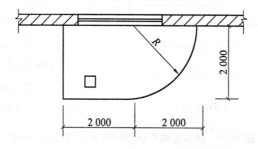

图 4.28 独立柱雨篷(单位:mm)

【解】 独立柱的雨篷按顶盖的水平投影面积的一半计算建筑面积。图 4.28 中独立柱雨篷的建筑面积为

$$S/m^2 = (2.0 \times 2.0 + 2.0 \times 2.0 \times 3.1416/4) \times 0.5 = 3.57$$

【示例 4.8】如图 4.29 所示,求无柱有盖檐廊建筑面积。

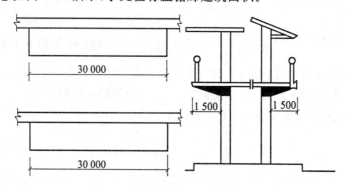

图 4.29 无柱的走廊和檐廊(单位:mm)

【解】 无柱的走廊、檐廊的建筑面积按其投影面积的一半计算。

$$S_{走廊}/\text{m}^2 = 30.0 \times 1.5 \times \frac{1}{2} = 22.5$$

$$S_{檐廊}/\text{m}^2 = 30.0 \times 1.5 \times \frac{1}{2} = 22.5$$

【示例4.9】 图4.30为无围护结构的室外楼梯,图4.31为有围护结构的室外楼梯,分别计算其建筑面积。

【解】 建筑物的室外楼梯,不管其有无围护结构,均按自然层投影面积之和计算建筑面积。

(1)图4.30室外楼梯的建筑面积为
$$S/\text{m}^2 = 2.4 \times (1.5 + 2.7 + 1.5) = 13.68$$

(2)图4.31室外楼梯的建筑面积为
$$S/\text{m}^2 = [(4.5+1.5) \times 2.5 + 2.5 \times 1.5 + 1.5 \times 3.0] = 23.25$$

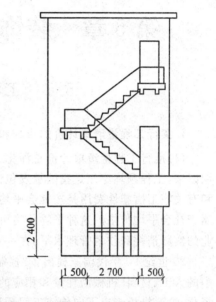

图4.30 无围护结构的室外楼梯(单位:mm)

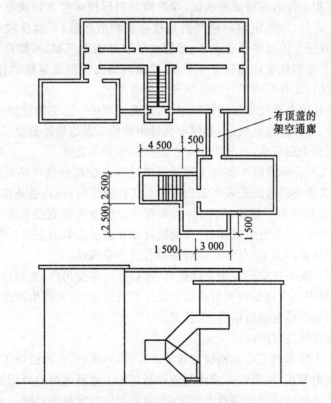

图4.31 有围护结构的室外楼梯(单位:mm)

第5章 装饰装修工程量清单计价

5.1 工程量清单计价概述

1. 实行工程量清单计价的目的和意义

（1）推行工程量清单计价是深化工程造价管理改革，推进建设市场化的重要途径　长期以来，工程预算定额是我国承发包计价、定价的主要依据。现预算定额中规定的消耗量和有关施工措施性费用是按社会平均水平编制的，以此为依据形成的工程造价基本上也属于社会平均价格。这种平均价格可作为市场竞争的参考价格，但不能反映参与竞争企业的实际消耗和技术管理水平，在一定程度上限制了企业的公平竞争。

20世纪90年代国家提出了"控制量、指导价、竞争费"的改革措施，将工程预算定额中的人工、材料、机械消耗量和相应的量价分离，国家控制量以保证质量，价格逐步走向市场化，这一措施走出了向传统工程预算定额改革的第一步。但是，这种做法难以改变工程预算定额中国家指令性内容较多的状况，难以满足招标投标竞争定价和经评审的合理低价中标的要求。因为，国家定额的控制量是社会平均消耗量，不能反映企业的实际消耗量，不能全面体现企业的技术装备水平、管理水平和劳动生产率，不能体现公平竞争的原则，社会平均水平不能代表社会先进水平，改变以往的工程预算定额的计价模式，适应招标投标的需要，推行工程量清单计价办法是十分必要的。

工程量清单计价是建设工程招标投标中，按照国家统一的工程量清单计价规范，招标人提供工程数量，投标人自主报价，经评审低价中标的工程造价计价模式。采用工程量清单计价能反映工程个别成本，有利于企业自主报价和公平竞争。

（2）在建设工程招标投标中实行工程量清单计价是规范建筑市场秩序的治本措施之一，适应社会主义市场经济的需要　工程造价是工程建设的核心，也是市场运行的核心内容，建筑市场存在着许多不规范的行为，大多数与工程造价有直接联系。建筑产品是商品，具有商品的共性，它受价值规律、货币流通规律和供求规律的支配。但是，建筑产品与一般的工业产品价格构成不一样，建筑产品具有某些特殊性。

①它竣工后一般不在空间发生物理运动，可以直接移交用户，立即进入生产消费或生活消费，因而价格中不含商品使用价值运动发生的流通费用，即因生产过程在流通领域内继续进行而支付的商品包装运输费、保管费。

②它是固定在某地方的。

③由于施工人员和施工机具围绕着建设工程流动，因而，有的建设工程构成还包括施工企业远离基地的费用，甚至包括成建制转移到新的工地所增加的费用等。

建筑产品价格随建设时间和地点而变化，相同结构的建筑物在同一地段建造，施工的时间不同造价就不一样；同一时间、不同地段造价也不一样；即使时间和地段相同，施工方法、施工手段、管理水平不同工程造价也有所差别。所以说,建筑产品的价格,既有它的统一性,又有它的特殊性。

为了推动社会主义市场经济的发展,国家颁发了相应的有关法律,如《中华人民共和国价格法》第三条规定:我国实行并逐步完善宏观经济调控下主要由市场形成价格的机制。价格的制定应当符合价格规律,对多数商品和服务价格实行市场调节价,极少数商品和服务价格实行政府指导价或政府定价。市场调节价,是指由经营者自主定价,通过市场竞争形成价格。中华人民共和国建设部第107号令《建设工程施工发包与承包计价管理办法》第五条规定:施工图预算、招标标底和投标报价由成本(直接费、间接费)、利润和税金构成。第七条规定:投标报价应依据企业定额和市场信息,并按国务院和省、自治区、直辖市人民政府建设行政主管部门发布的工程造价计价办法编制。建筑产品市场形成价格是社会主义市场经济的需要。过去工程预算定额在调节承发包双方利益和反映市场价格、需求方面存在着不相适应的地方,特别是公开、公正、公平竞争方面,还缺乏合理的机制,甚至出现了一些漏洞,高估冒算,相互串通,从中回扣。发挥市场规律"竞争"和"价格"的作用是治本之策。尽快建立和完善市场形成工程造价的机制,是当前规范建筑市场的需要。通过推行工程量清单计价有利于发挥企业自主报价的能力,同时也有利于规范业主在工程招标中的计价行为,有效改变招标单位在招标中盲目压价的行为,从而真正体现公开、公平、公正的原则,反映市场经济规律。

(3) 推行工程量清单计价是与国际接轨的需要 工程量清单计价是目前国际上通行的做法,一些发达国家和地区,如我国香港地区基本采用这种方法,在国内的世界银行等国外金融机构、政府机构贷款项目在招标中大多也采用工程量清单计价办法。随着我国加入世贸组织,国内建筑业面临着两大变化,一是中国市场将更具有活力,二是国内市场逐步国际化,竞争更加激烈。入世以后,一是外国建筑商要进入我国建筑市场开展竞争,他们必然要带进国际惯例、规范和做法来计算工程造价。二是国内建筑公司也同样要到国外市场竞争,也需要按国际惯例、规范和做法来计算工程造价。三是我国的国内工程方面,为了与外国建筑商在国内市场竞争,也要改变过去的做法,参照国际惯例、规范和做法来计算工程承发包价格。因此说,建筑产品的价格由市场形成是社会主义市场经济和适应国际惯例的需要。

(4) 实行工程量清单计价,是促进建设市场有序竞争和企业健康发展的需要 工程量清单是招标文件的重要组织部分,由招标单位编制或委托有资质的工程造价咨询单位编制,工程量清单编制的准确、详尽、完整,有利于提高招标单位的管理水平,减少索赔事件的发生。由于工程量清单是公开的,有利于防止招标工程中弄虚作假、暗箱操作等不规范行为。投标单位通过对单位工程成本、利润进行分析,统筹考虑,精心选择施工方案,根据企业的定额合理确定人工、材料、机械等要素投入量的合理配置,优化组合,合理控制现场经费和施工技术措施费,在满足招标文件需要的前提下,合理确定自己的报价,让企业有自主报价权。改变了过去依赖建设行政主管部门发布的定额和规定的取费标准进行计价的模式,有利于提高劳动生产率,促进企业技术进步,节约投资和规范建设市场。采用工程量清单计价后,将使招标活动的透明度增加,在充分竞争的基础上降低了造价,提高了投资效益,且便于操作和推行,业主和承包商将都会接受这种计价模式。

(5)实行工程量清单计价,有利于我国工程造价政府职能的转变 按照政府部门真正履行起"经济调节、市场监督、社会管理和公共服务"的职能要求,政府对工程造价管理的模式要进行相应的改变,将推行政府宏观调控、企业自主报价、市场形成价格、社会全面监督的工程造价管理思路。实行工程量清单计价,将会有利于我国工程造价政府职能的转变,由过去的政府控制的指令性定额转变为制定适应市场经济规律需要的工程量清单计价方法,由过去的行政干预转变为对工程造价进行依法监管,有效地强化政府对工程造价的宏观调控。

2. 工程量清单计价的影响因素

工程量清单报价中标的工程,无论采用何种计价方法,在正常情况下,基本说明工程造价已确定,只是当出现设计变更或工程量变动时,通过签证再结算调整另行计算。工程量清单工程成本要素的管理重点,是在既定收入的前提下,如何控制成本支出。

(1)对用工批量的有效管理 人工费支出约占建筑产品成本的17%,且随市场价格波动而不断变化。对人工单价在整个施工期间作出切合实际的预测,是控制人工费用支出的前提条件。

首先根据施工进度,月初依据工序合理做出用工数量,结合市场人工单价计算出本月控制指标。

其次在施工过程中,依据工程分部分项,对每天用工数量连续记录,在完成一个分项后,就同工程量清单报价中的用工数量对比,进行横评找出存在问题,办理相应手续以便对控制指标加以修正。每月完成几个工程分项后各自同工程量清单报价中的用工数量对比,考核控制指标完成情况。通过这种控制节约用工数量,就意味着降低人工费支出,即增加了相应的效益。这种对用工数量控制的方法,最大优势在于不受任何工程结构形式的影响,分阶段加以控制,有很强的实用性。人工费用控制指标,主要是从量上加以控制。重点通过对在建工程过程控制,积累各类结构形式下实际用工数量的原始资料,以便形成企业定额体系。

(2)材料费用的管理 材料费用开支约占建筑产品成本的63%,是成本要素控制的重点。材料费用因工程量清单报价形式不同,材料供应方式不同而有所不同。如业主限价的材料价格,如何管理?其主要问题可从施工企业采购过程降低材料单价来把握。首先对本月施工分项所需材料用量下发采购部门,在保证材料质量前提下货比三家。采购过程以工程清单报价中材料价格为控制指标,确保采购过程产生收益。对业主供材供料,确保足斤足两,严把验收入库环节。其次在施工过程中,严格执行质量方面的程序文件,做到材料堆放合理布局,减少二次搬运。具体操作依据工程进度实行限额领料,完成一个分项后,考核控制效果。最后是杜绝没有收入的支出,把返工损失降到最低限度。月末应把控制用量和价格同实际数量横向对比,考核实际效果,对超用材料数量落实清楚,是在哪个工程子项中造成的?原因是什么?是否存在同业主计取材料差价的问题等。

(3)机械费用的管理 机械费的开支约占建筑产品成本的7%,其控制指标,主要是根据工程量清单计算出使用的机械拉用台班数。在施工过程中,每天做详细台班记录,是否存在维修、待班的台班。如存在现场停电超过合同规定时间,应在当天同业主作好待班现场签证记录,月末将实际使用台班同控制台班的绝对数进行对比,分析量差发生的原因。对机械费价格一般采取租赁协议,合同一般在结算期内不变动,所以,控制实际用量是关键。依据现场情况做到设备合理布局,充分利用,特别是要合理安排大型设备进出场时间,以降低费用。

(4)施工过程中水电费的管理　水电费的管理,在以往工程施工中一直被忽视。水作为人类赖以生存的宝贵资源,越来越短缺,正在给人类敲响警钟。这对加强施工过程中水电费管理的重要性不言而喻。为便于施工过程支出的控制管理,应把控制用量计算到施工子项以便于水电费用控制。月末依据完成子项所需水电用量同实际用量对比,找出差距的出处,以便制定改正措施。总之施工过程中对水电用量控制不仅仅是一个经济效益的问题,更重要的是一个合理利用宝贵资源的问题。

(5)对设计变更和工程签证的管理　在施工过程中,时常会遇到一些原设计未预料的实际情况或业主单位提出要求改变某些施工做法、材料代用等,引发设计变更;同样对施工图以外的内容及停水、停电,或因材料供应不及时造成停工、窝工等都需要办理工程签证。以上两部分工作,首先应由负责现场施工的技术人员做好工程量的确认,如存在工程量清单不包括的施工内容,应及时通知技术人员,将需要办理工程签证的内容落实清楚;其次工程造价人员审核变更或签证签字内容是否清楚完整、手续是否齐全。如手续不齐全,应在当天督促施工人员补办手续,变更或签证的资料应连续编号;最后工程造价人员还应特别注意在施工方案中涉及的工程造价问题。在投标时工程量清单是依据以往的经验计价,建立在既定的施工方案基础上的。施工方案的改变便是对工程量清单造价的修正。变更或签证是工程量清单工程造价中所不包括的内容,但在施工过程中费用已经发生,工程造价人员应及时地编制变更及签证后的变动价值。加强设计变更和工程签证工作是施工企业经济活动中的一个重要组成部分,它可防止应得效益的流失,反映工程真实造价构成,对施工企业各级管理者来说更显得重要。

(6)对其他成本要素的管理　成本要素除工料单价法包含的以外,还有管理费用、利润、临设费、税金、保险费等。这部分收入已分散在工程量清单的子项之中,中标后已成既定的数,因而,在施工过程中应注意以下几点。

①节约管理费用是重点,制定切实的预算指标,对每笔开支严格依据预算执行审批手续;提高管理人员的综合素质作到高效精干,提倡一专多能。对办公费用的管理,从节约一张纸、减少每次通话时间等方面着手,精打细算,控制费用支出。

②利润作为工程量清单子项收入的一部分,在成本不亏损的情况下,就是企业既定利润。

③临设费管理的重点是,依据施工的工期及现场情况合理布局临设。尽可能就地取材搭建临设,工程接近竣工时及时减少临设的占用。对购买的彩板房每次安装、拆迁要高抬轻放,延长使用次数。日常使用及时维护易损部位,延长使用寿命。

④对税金、保险费的管理重点是一个资金问题,依据施工进度及时拨付工程款,确保按国家规定的税金及时上缴。

以上六个方面是施工企业的成本要素,针对工程量清单形式带来的风险性,施工企业要从加强过程控制的管理入手,才能将风险降到最低点。积累各种结构形式下成本要素的资料,逐步形成科学、合理的,具有代表人力、财力、技术力量的企业定额体系。通过企业定额,使报价不再盲目,避免了一味过低或过高报价所形成的亏损、废标,以应付复杂激烈的市场竞争。

3. 工程量清单计价与定额计价的差别

(1)编制工程量的单位不同　传统定额预算计价办法是,建设工程的工程量分别由招标单位和投标单位分别按图计算。工程量清单计价是,工程量由招标单位统一计算或委托有工程造价咨询资质单位统一计算,"工程量清单"是招标文件的重要组成部分,各投标单位根据招标人提供的"工程量清单",根据自身的技术装备、施工经验、企业成本、企业定额、管理水平自主填写报价单。

(2)编制工程量清单时间不同　传统的定额预算计价法是在发出招标文件后编制(招标与投标人同时编制或投标人编制在前,招标人编制在后)。工程量清单报价法必须在发出招标文件前编制。

(3)表现形式不同　采用传统的定额预算计价法一般是总价形式。工程量清单报价法采用综合单价形式,综合单价包括人工费、材料费、机械使用费、管理费、利润,并考虑风险因素。工程量清单报价具有直观、单价相对固定的特点,工程量发生变化时,单价一般不作调整。

(4)编制依据不同　传统的定额预算计价法依据图纸;人工、材料、机械台班消耗量依据建设行政主管部门颁发的预算定额;人工、材料、机械台班单价依据工程造价管理部门发布的价格信息进行计算。工程量清单报价法,根据建设部第107号令规定,标底的编制根据招标文件中的工程量清单和有关要求、施工现场情况、合理的施工方法以及按建设行政主管部门制定的有关工程造价计价办法编制。企业的投标报价则根据企业定额和市场价格信息,或参照建设行政主管部门发布的社会平均消耗量定额编制。

(5)费用组成不同　传统预算定额计价法的工程造价由直接工程费、措施费、间接费、利润、税金组成。工程量清单计价法工程造价包括分部分项工程费、措施项目费、其他项目费、规费、税金;包括完成每项工程包含的全部工程内容的费用;包括完成每项工程内容所需的费用(规费、税金除外);包括工程量清单中没有体现的,施工中又必须发生的工程内容所需费用;包括风险因素而增加的费用。

(6)评标所用的方法不同　传统预算定额计价投标一般采用百分制评分法。采用工程量清单计价法投标,一般采用合理低报价中标法,既要对总价进行评分,还要对综合单价进行分析评分。

(7)项目编码不同　采用传统的预算定额项目编码,全国各省市采用不同的定额子目,采用工程量清单计价全国实行统一编码,项目编码采用十二位阿拉伯数字表示。一到九位为统一编码,其中,一、二位为附录顺序码,三、四位为专业工程顺序码,五、六位为分部工程顺序码。七、八、九位为分项工程项目名称顺序码,十到十二位为清单项目名称顺序码。前九位码不能变动,后三位码,由清单编制人根据项目设置的清单项目编制。

(8)合同价调整方式不同　传统的定额预算计价合同价调整方式有:变更签证、定额解释、政策性调整。工程量清单计价法合同价调整方式主要是索赔。工程量清单的综合单价一般通过招标中报价的形式体现,一旦中标,报价作为签订施工合同的依据相对固定下来,工程结算按承包商实际完成工程量乘以清单中相应的单价计算,减少了调整活口。

采用传统的预算定额经常有定额解释及定额规定,结算中又有政策性文件调整。工程量清单计价单价不能随意调整。

(9)工程量计算时间前置 工程量清单,在招标前由招标人编制。也可能业主为了缩短建设周期,通常在初步设计完成后就开始施工招标,在不影响施工进度的前提下陆续发放施工图纸,因此承包商据以报价的工程量清单中各项工作内容下的工程量一般为概算工程量。

(10)投标计算口径达到了统一 因为各投标单位都根据统一的工程量清单报价,达到了投标计算口径统一。不再是传统预算定额招标,各投标单位各自计算工程量,各投标单位计算的工程量均不一致。

(11)索赔事件增加 因承包商对工程量清单单价包含的工作内容一目了然,故凡建设方不按清单内容施工的,任意要求修改清单的,都会增加施工索赔的因素。

5.2 工程量清单编制

5.2.1 分部分项工程量清单

(1)分部分项工程量清单应包括项目编码、项目名称、项目特征、计量单位和工程量。这是构成分部分项工程量清单的五个要件,在分部分项工程量清单的组成中缺一不可。

(2)分部分项工程量清单应根据《建设工程工程量清单计价规范》(GB 50500—2008)中附录规定的项目编码、项目名称、项目特征、计量单位和工程量计算规则进行编制。

(3)分部分项工程量清单的项目编码应采用十二位阿拉伯数字表示。其中一、二位为工程分类顺序码,建筑工程为01,装饰装修工程为02,安装工程为03,市政工程为04,园林绿化工程为05,矿山工程为06;三、四位为专业工程顺序码;五、六位为分部工程顺序码;七、八、九位为分项工程项目名称顺序码;十至十二位为清单项目名称顺序码,应根据拟建工程的工程量清单项目名称设置,同一招标工程的项目编码不得有重码。

在编制工程量清单时应注意对项目编码的设置不得有重码,特别是当同一标段(或合同段)的一份工程量清单中含有多个单项或单位工程且工程量清单是以单项或单位工程为编制对象时,应注意项目编码中的十至十二位的设置不得重码。例如,一个标段(或合同段)的工程量清单中含有三个单项或单位工程,每一单项或单位工程中都有项目特征相同的现浇混凝土矩形梁,在工程量清单中又需反映三个不同单项或单位工程的现浇混凝土矩形梁工程量时,此时工程量清单应以单项或单位工程为编制对象,第一个单项或单位工程的现浇混凝土矩形梁的项目编码为 010403002001,第二个单项或单位工程的现浇混凝土矩形梁的项目编码为 010403002002,第三个单项或单位工程的现浇混凝土矩形梁的项目编码为 010403002003,并分别列出各单项或单位工程现浇混凝土矩形梁的工程量。

(4)分部分项工程量清单的项目名称应按《建设工程工程量清单计价规范》(GB 50500—2008)附录中的项目名称结合拟建工程的实际确定。

(5)分部分项工程量清单中所列工程量应按《建设工程工程量清单计价规范》(GB 50500—2008)附录中规定的工程量计算规则计算。工程量的有效位数应遵守下列规定:

①以"t"为单位,应保留三位小数,第四位小数四舍五入。
②以"m^3""m^2""m""kg"为单位,应保留两位小数,第三位小数四舍五入。
③以"个""项"等为单位,应取整数。

(6)分部分项工程量清单的计量单位应按《建设工程工程量清单计价规范》(GB 50500—2008)附录中规定的计量单位确定,当计量单位有两个或两个以上时,应根据拟建工程项目的实际,选择最适宜表现该项目特征并方便计量的单位。

(7)分部分项工程量清单项目特征应按《建设工程工程量清单计价规范》(GB 50500—2008)附录中规定的项目特征,结合拟建工程项目的实际予以描述。

工程量清单的项目特征是确定一个清单项目综合单价不可缺少的主要依据。对工程量清单项目的特征描述具有十分重要的意义,其主要体现在以下几方面。

①项目特征是区分清单项目的依据。工程量清单项目特征是用来表述分部分项清单项目的实质内容,用于区分计价规范中同一清单条目下各个具体的清单项目。没有项目特征的准确描述,对于相同或相似的清单项目名称,就无从区分。

②项目特征是确定综合单价的前提。由于工程量清单项目的特征决定了工程实体的实质内容,必然直接决定了工程实体的自身价值。因此,工程量清单项目特征描述得准确与否,直接关系到工程量清单项目综合单价的准确确定。

③项目特征是履行合同义务的基础。实行工程量清单计价,工程量清单及其综合单价是施工合同的组成部分,因此,如果工程量清单项目特征的描述不清甚至漏项、错误,从而引起在施工过程中的更改,都会引起分歧,导致纠纷。

正因为此,在编制工程量清单时必须对项目特征进行准确而且全面的描述,准确的描述工程量清单的项目特征对于准确的确定工程量清单项目的综合单价具有决定性的作用。

但有些项目特征用文字往往又难以准确和全面描述清楚。因此,为达到规范、简捷、准确、全面描述项目特征的要求,在描述工程量清单项目特征时应按以下原则进行。

①项目特征描述的内容应按《建设工程工程量清单计价规范》(GB 50500—2008)附录中的规定,结合拟建工程的实际,能满足确定综合单价的需要。

②若采用标准图集或施工图纸能够全部或部分满足项目特征描述的要求,项目特征描述可直接采用详见××图集或××图号的方式。对不能满足项目特征描述要求的部分,仍应用文字描述。

(8)在对分部分项工程量清单项目特征描述时,可按下列要点进行。

①必须描述的内容。

a.涉及正确计量的内容必须描述。如门窗洞口尺寸或框外围尺寸,1樘门或窗有多大,直接关系到门窗的价格,对门窗洞口或框外围尺寸进行描述是十分必要的。

b.涉及结构要求的内容必须描述。如混凝土构件的混凝土的强度等级,因混凝土强度等级不同,其价格也不同,必须描述。

c.涉及材质要求的内容必须描述。如油漆的品种、管材的材质,还需要对管材的规格、型号进行描述。

d.涉及安装方式的内容必须描述。如管道工程中的管道的连接方式就必须描述。

②可不描述的内容。

a. 对计量计价没有实质影响的内容可以不描述。如对现浇混凝土柱的高度、断面大小等的特征规定可以不描述,因为混凝土构件是按"m³"计量,对此的描述实质意义不大。

b. 应由投标人根据施工方案确定的可以不描述。如对石方的预裂爆破的单孔深度及装药量的特征规定,如由清单编制人来描述是困难的,而由投标人根据施工要求,在施工方案中确定,由其自主报价是比较恰当的。

c. 应由投标人根据当地材料和施工要求确定的可以不描述。如对混凝土构件中的混凝土拌合料使用的石子种类及粒径、砂的种类的特征规定可以不描述。因为混凝土拌合料使用砾石还是碎石,使用粗砂还是中砂、细砂或特细砂,除构件本身有特殊要求需要指定外,主要取决于工程所在地砂、石子材料的供应情况。至于石子的粒径大小主要取决于钢筋配筋的密度。

d. 应由施工措施解决的可以不描述。如对现浇混凝土板、梁的标高的特征规定可以不描述。因为同样的板或梁,都可以将其归并在同一个清单项目中,但由于标高的不同,将会导致因楼层的变化对同一项目提出多个清单项目,不同的楼层其工效是不一样的,但这样的差异可以由投标人在报价中考虑,或在施工措施中解决。

③可不详细描述的内容。

a. 无法准确描述的可不详细描述。如土壤类别,由于我国幅员辽阔,南北东西差异较大,特别是对于南方来说,在同一地点,由于表层土与表层土以下的土壤其类别是不相同的,要求清单编制人准确判定某类土壤的所占比例是困难的,在这种情况下,可考虑将土壤类别描述为合格,注明由投标人根据地勘资料自行确定土壤类别决定报价。

b. 施工图纸、标准图集标注明确的,可不再详细描述。

c. 还有一些项目可不详细描述,但清单编制人在项目特征描述中应注明由投标人自定。如土方工程中的"取土运距""弃土运距"等。首先要求清单编制人决定在多远取土或取、弃土运往多远是困难的;其次由投标人根据在建工程施工情况统筹安排,自主决定取、弃土方的运距可以充分体现竞争的要求。

④对规范中没有项目特征要求的个别项目,但又必须描述的应予描述。例如 A.5.1"厂库房大门、特种门",计价规范以"樘"作为计量单位,但又没有规定门大小的特征描述,那么"框外围尺寸"就是影响报价的重要因素,因此,就必须描述,以便投标人准确报价。

(9)编制工程量清单出现《建设工程工程量清单计价规范》(GB 50500—2008)附录中未包括的项目,编制人应作补充,并报省级或行业工程造价管理机构备案,省级或行业工程造价管理机构应汇总报住房和城乡建设部标准定额研究所。

补充项目的编码由附录的顺序码与 B 和三位阿拉伯数字组成,并应从×B001 起顺序编制,同一招标工程的项目不得重码。工程量清单中需附有补充项目的名称、项目特征、计量单位、工程量计算规则、工程内容。

5.2.2 措施项目清单

(1)措施项目清单应根据拟建工程的实际情况列项。通用措施项目可按表 5.1 选择列项,专业工程的措施项目可按表 5.2~5.6 规定的项目选择列项。若出现表 5.1~5.6 中未列的项目,可根据工程实际情况补充。

表 5.1 通用措施项目一览表

序 号	项 目 名 称
1.1	安全文明施工(含环境保护、文明施工、安全施工、临时设施)
1.2	夜间施工
1.3	二次搬运
1.4	冬雨季施工
1.5	大型机械设备进出场及安拆
1.6	施工排水
1.7	施工降水
1.8	地上、地下设施、建筑物的临时保护设施
1.9	已完工程及设备保护

表 5.2 建筑工程措施项目一览表

序 号	项 目 名 称
2.1	混凝土、钢筋混凝土模板及支架
2.2	脚手架
2.3	垂直运输机械

表 5.3 装饰装修工程措施项目一览表

序 号	项 目 名 称
3.1	脚手架
3.2	垂直运输机械
3.3	室内空气污染测试

表 5.4 安装工程措施项目一览表

序 号	项 目 名 称
4.1	组装平台
4.2	设备、管道施工的防冻和焊接保护措施
4.3	压力容器和高压管道的检验
4.4	焦炉施工大棚
4.5	焦炉烘炉、热态工程
4.6	管道安装后的充气保护措施
4.7	隧道内施工的通风、供水、供气、供电、照明及通讯设施
4.8	现场施工围栏
4.9	长输管道临时水工保护措施
4.10	长输管道施工便道
4.11	长输管道跨越或穿越施工措施
4.12	长输管道地下穿越地上建筑物的保护措施
4.13	长输管道工程施工队伍调遣
4.14	格架式抱杆

表 5.5 市政工程措施项目一览表

序 号	项 目 名 称
5.1	围堰
5.2	筑岛
5.3	便道
5.4	便桥
5.5	脚手架
5.6	洞内施工的通风、供水、供气、供电、照明及通讯设施
5.7	驳岸块石清理
5.8	地下管线交叉处理
5.9	行车、行人干扰增加
5.10	轨道交通工程路桥、市政基础设施施工监测、监控、保护

表 5.6 矿山工程措施项目一览表

序 号	项 目 名 称
6.1	特殊安全技术措施
6.2	前期上山道路
6.3	作业平台
6.4	防洪工程
6.5	凿井措施
6.6	临时支护措施

（2）措施项目中可以计算工程量的项目清单宜采用分部分项工程量清单的方式编制，列出项目编码、项目名称、项目特征、计量单位和工程量计算规则；不能计算工程量的项目清单，以"项"为计量单位。

（3）《建设工程工程量清单计价规范》（GB 50500—2008）将实体性项目划分为分部分项工程量清单，非实体性项目划分为措施项目。所谓非实体性项目，一般来说，其费用的发生和金额的大小与使用时间、施工方法或者两个以上工序相关，与实际完成的实体工程量的多少关系不大，典型的是大中型施工机械、文明施工和安全防护、临时设施等。但有的非实体性项目，则是可以计算工程量的项目，典型的是混凝土浇筑的模板工程，用分部分项工程量清单的方式采用综合单价，更有利于措施费的确定和调整，更有利于合同管理。

5.2.3 其他项目清单

（1）其他项目清单宜按照下列内容列项。

①暂列金额。暂列金额是招标人在工程量清单中暂定并包括在合同价款中的一笔款项。暂列金额在"03 规范"中称为"预留金"，但由于"03 规范"中对"预留金"的定义不是很明确，发包人也不能正确认识到"预留金"的作用，因而发包人往往回避"预留金"项目的设置。新版《建设工程工程量清单计价规范》（GB 50500—2008）明确规定暂列金额用于施工合同签订时尚未确定或者不可预见的所需材料、设备、服务的采购，施工中可能发生的工程变更、合同约定调整因素出现时的工程价款调整以及发生的索赔、现场签证确认等的费用。

不管采用何种合同形式，工程造价理想的标准是，一份合同的价格就是其最终的竣工结算价格，或者至少两者应尽可能接近。我国规定对政府投资工程实行概算管理，经项目审批部门批复的设计概算是工程投资控制的刚性指标，即使商业性开发项目也有成本的预先控制问题，否则，无法相对准确预测投资的收益和科学合理地进行投资控制。但工程建设自身的特性决定了工程的设计需要根据工程进展不断地进行优化和调整，业主需求可能会随工程建设进展出现变化，工程建设过程还会存在一些不能预见、不能确定的因素。消化这些因素必然会影响合同价格的调整，暂列金额正是为这类不可避免的价格调整而设立，以便达到合理确定和有效控制工程造价的目标。

另外，暂列金额列入合同价格不等于就属于承包人所有了，即使是总价包干合同，也不等于列入合同价格的所有金额就属于承包人，是否属于承包人应得金额取决于具体的合同约定，只有按照合同约定程序实际发生后，才能成为承包人的应得金额，纳入合同结算价款中。扣除实际发生金额后的暂列金额余额仍属于发包人所有。设立暂列金额并不能保证合同结算价格就不会再出现超过合同价格的情况，是否超出合同价格完全取决于工程量清单编制人暂列金额预测的准确性，以及工程建设过程是否出现了其他事先未预测到的事件。

②暂估价。暂估价是指招标阶段直至签订合同协议时，招标人在招标文件中提供的用于支付必然发生但暂时不能确定价格的材料以及专业工程的金额。暂估价包括材料暂估单价和专业工程暂估价。暂估价类似于 FIDIC 合同条款中的 Prime Cost Items，在招标阶段预见肯定要发生，只是因为标准不明确或者需要由专业承包人完成，暂时无法确定价格。暂估价数量和拟用项目应当结合工程量清单中的"暂估价表"予以补充说明。

为方便合同管理，需要纳入分部分项工程量清单项目综合单价中的暂估价应只是材料费，以方便投标人组价。

专业工程的暂估价一般应是综合暂估价，应当包括除规费和税金以外的管理费、利润等取费。总承包招标时，专业工程设计深度往往是不够的，一般需要交由专业设计人设计，国际上，出于提高可建造性考虑，一般由专业承包人负责设计，以发挥其专业技能和专业施工经验的优势。这类专业工程交由专业分包人完成是国际工程的良好实践，目前在我国工程建设领域也已经比较普遍。公开透明地合理确定这类暂估价的实际开支金额的最佳途径，就是通过施工总承包人与工程建设项目招标人共同组织的招标。

③计日工。计日工在"03 规范"中称为"零星项目工作费"。计日工是为解决现场发生的零星工作的计价而设立的，其为额外工作和变更的计价提供了一个方便快捷的途径。计日工适用的所谓零星工作一般是指合同约定之外的或者因变更而产生的、工程量清单中没有相应项目的额外工作，尤其是那些时间不允许事先商定价格的额外工作。计日工以完成零星工作所消耗的人工工时、材料数量、机械台班进行计量，并按照计日工表中填报的适用项目的单价进行计价支付。

国际上常见的标准合同条款中，大多数都设立了计日工计价机制。但在我国以往的工程量清单计价实践中，由于计日工项目的单价水平一般要高于工程量清单项目的单价水平，因而经常被忽略。从理论上讲，由于计日工往往是用于一些突发性的额外工作，缺少计划性，承包人在调动施工生产资源方面难免不影响已经计划好的工作，生产资源的使用效率也有一定的降低，客观上造成超出常规的额外投入。另外，其他项目清单中计日工往往是一个暂定的数量，其无法纳入有效的竞争。所以合理的计日工单价水平一定是要高于工程量清单的价格水平的。为获得合理的计日工单价，发包人在其他项目清单中对计日工一定要给出暂定数量，并需要根据经验尽可能估算一个较接近实际的数量。

④总承包服务费。总承包服务费是为了解决招标人在法律、法规允许的条件下进行专业工程发包，以及自行供应材料、设备，并需要总承包人对发包的专业工程提供协调和配合服务，对供应的材料、设备提供收、发和保管服务以及进行施工现场管理时发生，并向总承包人支付的费用。招标人应预计该项费用并按投标人的投标报价向投标人支付该项费用。

(2)当工程实际中出现上述第(1)条中未列出的其他项目清单项目时，可根据工程实际情况进行补充。如工程竣工结算时出现的索赔和现场签证等。

5.2.4 规费项目清单

规费是根据省级政府或省级有关权力部门规定必须缴纳的,应计入建筑安装工程造价的费用。根据建设部、财政部"关于印发《建筑安装工程费用项目组成》的通知"(建标[2003]206号)中的规定,规费包括工程排污费、工程定额测定费、社会保障费(养老保险、失业保险、医疗保险)、住房公积金、危险作业意外伤害保险。清单编制人对《建筑安装工程费用项目组成》未包括的规费项目,在编制规费项目清单时应根据省级政府或省级有关权力部门的规定列项。

规费项目清单中应按下列内容列项。
(1)工程排污费。
(2)工程定额测定费。
(3)社会保障费:包括养老保险费、失业保险费、医疗保险费。
(4)住房公积金。
(5)危险作业意外伤害保险。

5.2.5 税金项目清单

根据建设部、财政部"关于印发《建筑安装工程费用项目组成》的通知"(建标[2003]206号)中的规定,目前我国税法规定应计入建筑安装工程造价的税种包括营业税、城市建设维护税及教育费附加税。如国家税法发生变化,税务部门依据职权增加了税种,应对税金项目清单进行补充。

税金项目清单应按下列内容列项。
(1)营业税。
(2)城市维护建设税。
(3)教育费附加税。

5.3 工程量清单计价

5.3.1 一般规定

(1)采用工程量清单计价,建设工程造价由分部分项工程费、措施项目费、其他项目费、规费和税金组成。
(2)分部分项工程量清单应采用综合单价计价。
(3)招标文件中的工程量清单标明的工程量是投标人投标报价的共同基础,竣工结算的工程量按发、承包双方在合同中约定应予计量且实际完成的工程量确定。
(4)措施项目清单计价应根据拟建工程的施工组织设计,可以计算工程量的措施项目,应按分部分项工程量清单的方式采用综合单价计价;其余的措施项目可以"项"为单位的方式计价,应包括除规费、税金外的全部费用。
(5)措施项目清单中的安全文明施工费应按照国家或省级、行业建设主管部门的规定计价,不得作为竞争性费用。

(6)其他项目清单应根据工程特点和 5.3.2 中(6)、5.3.3 中(6)、5.3.8 中(6)的规定计价。

(7)招标人在工程量清单中提供了暂估价的材料和专业工程属于依法必须招标的,由承包人和招标人共同通过招标确定材料单价与专业工程分包价。

若材料不属于依法必须招标的,经发、承包双方协商确认单价后计价。

若专业工程不属于依法必须招标的,由发包人、总承包人与分包人按有关计价依据进行计价。

(8)规费和税金应按国家或省级、行业建设主管部门的规定计算,不得作为竞争性费用。

(9)采用工程量清单计价的工程,应在招标文件或合同中明确风险内容及其范围(幅度),不得采用无限风险、所有风险或类似语句规定风险内容及其范围(幅度)。

5.3.2 招标控制价

(1)国有资金投资的工程建设项目应实行工程量清单招标,并应编制招标控制价。招标控制价超过批准的概算时,招标人应将其报原概算审批部门审核。投标人的投标报价高于招标控制价的,其投标应予以拒绝。

(2)招标控制价应由具有编制能力的招标人,或受其委托具有相应资质的工程造价咨询人编制。

(3)招标控制价应根据下列依据编制。

①《建设工程工程量清单计价规范》(GB 50500—2008)。

②国家或省级、行业建设主管部门颁发的计价定额和计价办法。

③建设工程设计文件及相关资料。

④招标文件中的工程量清单及有关要求。

⑤与建设项目相关的标准、规范、技术资料。

⑥工程造价管理机构发布的工程造价信息,工程造价信息没有发布的参照市场价。

⑦其他的相关资料。

(4)分部分项工程费应根据招标文件中的分部分项工程量清单项目的特征描述及有关要求,按(3)的规定确定综合单价计算。

综合单价中应包括招标文件中要求投标人承担的风险费用。

招标文件提供了暂估单价的材料,按暂估的单价计入综合单价。

(5)措施项目费应根据招标文件中的措施项目清单按 5.3.1 中(4)、(5)和上述(3)的规定计价。

(6)其他项目费应按下列规定计价。

①暂列金额应根据工程特点,按有关计价规定估算。

②暂估价中的材料单价应根据工程造价信息或参照市场价格估算,暂估价中的专业工程金额应分不同专业,按有关计价规定估算。

③计日工应根据工程特点和有关计价依据计算。

④总承包服务费应根据招标文件列出的内容和要求估算。

(7)规费和税金应按 5.3.1 中(8)的规定计算。

(8)招标控制价应在招标时公布,不应上调或下浮,招标人应将招标控制价及有关资料报送工程所在地工程造价管理机构备查。

(9)投标人经复核认为招标人公布的招标控制价未按照《建设工程工程量清单计价规范》(GB 50500—2008)的规定进行编制的,应在开标前 5 天向招投标监督机构或(和)工程造价管理机构投诉。

招投标监督机构应会同工程造价管理机构对投诉进行处理,发现确有错误的,应责成招标人修改。

5.3.3 投标价

(1)除《建设工程工程量清单计价规范》(GB 50500—2008)强制性规定外,投标价由投标人自主确定,但不得低于成本。

投标价应由投标人或受其委托具有相应资质的工程造价咨询人编制。

(2)投标人应按招标人提供的工程量清单填报价格。填写的项目编码、项目名称、项目特征、计量单位、工程量必须与招标人提供的一致。

(3)投标报价应根据下列依据编制。

①《建设工程工程量清单计价规范》(GB 50500—2008)。

②国家或省级、行业建设主管部门颁发的计价办法。

③企业定额,国家或省级、行业建设主管部门颁发的计价定额。

④招标文件、工程量清单及其补充通知、答疑纪要。

⑤建设工程设计文件及相关资料。

⑥施工现场情况、工程特点及拟定的投标施工组织设计或施工方案。

⑦与建设项目相关的标准、规范等技术资料。

⑧市场价格信息或工程造价管理机构发布的工程造价信息。

⑨其他的相关资料。

(4)分部分项工程费应依据《建设工程工程量清单计价规范》(GB 50500—2008)第 2.0.4 条综合单价的组成内容,按招标文件中分部分项工程量清单项目的特征描述确定综合单价计算。

综合单价中应考虑招标文件中要求投标人承担的风险费用。

招标文件中提供了暂估单价的材料,按暂估的单价计入综合单价。

(5)投标人可根据工程实际情况结合施工组织设计,对招标人所列的措施项目进行增补。

措施项目费应根据招标文件中的措施项目清单及投标时拟定的施工组织设计或施工方案按 5.3.1 中(4)的规定自主确定。其中安全文明施工费应按照 5.3.1 中(5)的规定确定。

(6)其他项目费应按下列规定报价。

①暂列金额应按招标人在其他项目清单中列出的金额填写。

②材料暂估价应按招标人在其他项目清单中列出的单价计入综合单价,专业工程暂估价应按招标人在其他项目清单中列出的金额填写。

③计日工按招标人在其他项目清单中列出的项目和数量,自主确定综合单价并计算计日工费用。

④总承包服务费根据招标文件中列出的内容和提出的要求自主确定。

(7)规费和税金应按5.3.1中(8)的规定确定。

(8)投标总价应当与分部分项工程费、措施项目费、其他项目费和规费、税金的合计金额一致。

5.3.4 工程合同价款的约定

(1)实行招标的工程合同价款应在中标通知书发出之日起30天内,由发、承包双方依据招标文件和中标人的投标文件在书面合同中约定。

不实行招标的工程合同价款,在发、承包双方认可的工程价款基础上,由发、承包双方在合同中约定。

(2)实行招标的工程,合同约定不得违背招、投标文件中关于工期、造价、质量等方面的实质性内容。招标文件与中标人投标文件不一致的地方,以投标文件为准。

(3)实行工程量清单计价的工程,宜采用单价合同。

(4)发、承包双方应在合同条款中对下列事项进行约定,合同中没有约定或约定不明的由双方协商确定,协商不能达成一致的按《建设工程工程量清单计价规范》(GB 50500—2008)执行。

①预付工程款的数额、支付时间及抵扣方式。

②工程计量与支付工程进度款的方式、数额及时间。

③工程价款的调整因素、方法、程序、支付及时间。

④索赔与现场签证的程序、金额确认与支付时间。

⑤发生工程价款争议的解决方法及时间。

⑥承担风险的内容、范围以及超出约定内容、范围的调整办法。

⑦工程竣工价款结算编制与核对、支付及时间。

⑧工程质量保证(保修)金的数额、预扣方式及时间。

⑨与履行合同、支付价款有关的其他事项等。

5.3.5 工程计量与价款支付

(1)发包人应按照合同约定支付工程预付款。支付的工程预付款,按合同约定在工程进度款中抵扣。

(2)发包人支付工程进度款,应按照合同约定计量和支付,支付周期同计量周期。

(3)工程计量时,若发现工程量清单中出现漏项、工程量计算偏差,以及工程变更引起工程量的增减,应按承包人在履行合同义务过程中实际完成的工程量计算。

(4)承包人应按照合同约定,向发包人递交已完工程量报告。发包人应在接到报告后按合同约定进行核对。

(5)承包人应在每个付款周期末,向发包人递交进度款支付申请,并附相应的证明文件。除合同另有约定外,进度款支付申请应包括下列内容。
①本周期已完成工程的价款。
②累计已完成的工程价款。
③累计已支付的工程价款。
④本周期已完成计日工金额。
⑤应增加和扣减的变更金额。
⑥应增加和扣减的索赔金额。
⑦应抵扣的工程预付款。
⑧应扣减的质量保证金。
⑨根据合同应增加和扣减的其他金额。
⑩本付款周期实际应支付的工程价款。

(6)发包人在收到承包人递交的工程进度款支付申请及相应的证明文件后,发包人应在合同约定时间内核对和支付工程进度款。发包人应扣回的工程预付款,与工程进度款同期结算抵扣。

(7)发包人未在合同约定时间内支付工程进度款,承包人应及时向发包人发出要求付款的通知,发包人收到承包人通知后仍不按要求付款,可与承包人协商签订延期付款协议,经承包人同意后延期支付。协议应明确延期支付的时间和从付款申请生效后按同期银行贷款利率计算应付款的利息。

(8)发包人不按合同约定支付工程进度款,双方又未达成延期付款协议,导致施工无法进行时,承包人可停止施工,由发包人承担违约责任。

5.3.6 索赔与现场签证

(1)合同一方向另一方提出索赔时,应有正当的索赔理由和有效证据,并应符合合同的相关约定。

(2)若承包人认为非承包人原因发生的事件造成了承包人的经济损失,承包人应在确认该事件发生后,按合同约定向发包人发出索赔通知。

发包人在收到最终索赔报告后并在合同约定时间内,未向承包人作出答复,视为该项索赔已经认可。

(3)承包人索赔按下列程序处理。
①承包人在合同约定的时间内向发包人递交费用索赔意向通知书。
②发包人指定专人收集与索赔有关的资料。
③承包人在合同约定的时间内向发包人递交费用索赔申请表。
④发包人指定的专人初步审查费用索赔申请表,符合(1)规定的条件时予以受理。
⑤发包人指定的专人进行费用索赔核对,经造价工程师复核索赔金额后,与承包人协商确定并由发包人批准。
⑥发包人指定的专人应在合同约定的时间内签署费用索赔审批表,或发出要求承包人提交有关索赔的进一步详细资料的通知,待收到承包人提交的详细资料后,按④、⑤的

程序进行。

(4)若承包人的费用索赔与工程延期索赔要求相关联时,发包人在作出费用索赔的批准决定时,应结合工程延期的批准,综合作出费用索赔和工程延期的决定。

(5)若发包人认为由于承包人的原因造成额外损失,发包人应在确认引起索赔的事件后,按合同约定向承包人发出索赔通知。

承包人在收到发包人索赔通知后并在合同约定时间内,未向发包人作出答复,视为该项索赔已经认可。

(6)承包人应发包人要求完成合同以外的零星工作或非承包人责任事件发生时,承包人应按合同约定及时向发包人提出现场签证。

(7)发、承包双方确认的索赔与现场签证费用与工程进度款同期支付。

5.3.7 工程价款调整

(1)招标工程以投标截止日前28天,非招标工程以合同签订前28天为基准日,其后国家的法律、法规、规章和政策发生变化影响工程造价的,应按省级或行业建设主管部门或其授权的工程造价管理机构发布的规定调整合同价款。

(2)若施工中出现施工图纸(含设计变更)与工程量清单项目特征描述不符的,发、承包双方应按新的项目特征确定相应工程量清单项目的综合单价。

(3)因分部分项工程量清单漏项或非承包人原因的工程变更,造成增加新的工程量清单项目,其对应的综合单价按下列方法确定。

①合同中已有适用的综合单价,按合同中已有的综合单价确定。

②合同中有类似的综合单价,参照类似的综合单价确定。

③合同中没有适用或类似的综合单价,由承包人提出综合单价,经发包人确认后执行。

(4)因分部分项工程量清单漏项或非承包人原因的工程变更,引起措施项目发生变化,造成施工组织设计或施工方案变更,原措施费中已有的措施项目,按原措施费的组价方法调整;原措施费中没有的措施项目,由承包人根据措施项目变更情况,提出适当的措施费变更,经发包人确认后调整。

(5)因非承包人原因引起的工程量增减,该项工程量变化在合同约定幅度以内的,应执行原有的综合单价;该项工程量变化在合同约定幅度以外的,其综合单价及措施项目费应予以调整。

(6)若施工期内市场价格波动超出一定幅度时,应按合同约定调整工程价款;合同没有约定或约定不明确的,应按省级或行业建设主管部门或其授权的工程造价管理机构的规定调整。

(7)因不可抗力事件导致的费用,发、承包双方应按以下原则分别承担并调整工程价款。

①工程本身的损害、因工程损害导致第三方人员伤亡和财产损失以及运至施工场地用于施工的材料和待安装的设备的损害,由发包人承担。

②发包人、承包人人员伤亡由其所在单位负责,并承担相应费用。

③承包人的施工机械设备损坏及停工损失,由承包人承担。

④停工期间,承包人应发包人要求留在施工场地的必要的管理人员及保卫人员的费

用，由发包人承担。

⑤工程所需清理、修复费用，由发包人承担。

(8)工程价款调整报告应由受益方在合同约定时间内向合同的另一方提出，经对方确认后调整合同价款。受益方未在合同约定时间内提出工程价款调整报告的，视为不涉及合同价款的调整。

收到工程价款调整报告的一方应在合同约定时间内确认或提出协商意见，否则视为工程价款调整报告已经确认。

(9)经发、承包双方确定调整的工程价款，作为追加(减)合同价款与工程进度款同期支付。

5.3.8 竣工结算

(1)工程完工后，发、承包双方应在合同约定时间内办理工程竣工结算。

(2)工程竣工结算由承包人或受其委托具有相应资质的工程造价咨询人编制，由发包人或受其委托具有相应资质的工程造价咨询人核对。

(3)工程竣工结算应根据下列依据。

①《建设工程工程量清单计价规范》(GB 50500—2008)。

②施工合同。

③工程竣工图纸及资料。

④双方确认的工程量。

⑤双方确认追加(减)的工程价款。

⑥双方确认的索赔、现场签证事项及价款。

⑦投标文件。

⑧招标文件。

⑨其他依据。

(4)分部分项工程费应依据双方确认的工程量、合同约定的综合单价计算；如发生调整的，以发、承包双方确认调整的综合单价计算。

(5)措施项目费应依据合同约定的项目和金额计算；如发生调整的，以发、承包双方确认调整的金额计算，其中安全文明施工费应按5.3.1中(5)的规定计算。

(6)其他项目费用应按下列规定计算。

①计日工应按发包人实际签证确认的事项计算。

②暂估价中的材料单价应按发、承包双方最终确认价在综合单价中调整；专业工程暂估价应按中标价或发包人、承包人与分包人最终确认价计算。

③总承包服务费应依据合同约定金额计算，如发生调整的，以发、承包双方确认调整的金额计算。

④索赔费用应依据发、承包双方确认的索赔事项和金额计算。

⑤现场签证费用应依据发、承包双方签证资料确认的金额计算。

⑥暂列金额应减去工程价款调整与索赔、现场签证金额计算，如有余额归发包人。

(7)规费和税金应按5.3.1中(8)的规定计算。

(8)承包人应在合同约定时间内编制完成竣工结算书，并在提交竣工验收报告的同时递交给发包人。

承包人未在合同约定时间内递交竣工结算书,经发包人催促后仍未提供或没有明确答复的,发包人可以根据已有资料办理结算。

(9)发包人在收到承包人递交的竣工结算书后,应按合同约定时间核对。

同一工程竣工结算核对完成,发、承包双方签字确认后,禁止发包人又要求承包人与另一个或多个工程造价咨询人重复核对竣工结算。

(10)发包人或受其委托的工程造价咨询人收到承包人递交的竣工结算书后,在合同约定时间内,不核对竣工结算或未提出核对意见的,视为承包人递交的竣工结算书已经认可,发包人应向承包人支付工程结算价款。

承包人在接到发包人提出的核对意见后,在合同约定时间内不确认也未提出异议的,视为发包人提出的核对意见已经认可,竣工结算办理完毕。

(11)发包人应对承包人递交的竣工结算书签收,拒不签收的,承包人可以不交付竣工工程。

承包人未在合同约定时间内递交竣工结算书的,发包人要求交付竣工工程,承包人应当交付。

(12)竣工结算办理完毕,发包人应将竣工结算书报送工程所在地工程造价管理机构备案。竣工结算书作为工程竣工验收备案、交付使用的必备文件。

(13)竣工结算办理完毕,发包人应根据确认的竣工结算书在合同约定时间内向承包人支付工程竣工结算价款。

(14)发包人未在合同约定时间内向承包人支付工程结算价款的,承包人可催告发包人支付结算价款。如达成延期支付协议,发包人应按同期银行同类贷款利率支付拖欠工程价款的利息。如未达成延期支付协议,承包人可以与发包人协商将该工程折价,或申请人民法院将该工程依法拍卖,承包人就该工程折价或者拍卖的价款优先受偿。

5.3.9 工程计价争议处理

(1)在工程计价中,对工程造价计价依据、办法以及相关政策规定发生争议事项的,由工程造价管理机构负责解释。

(2)发包人以对工程质量有异议,拒绝办理工程竣工结算的,已竣工验收或已竣工未验收但实际投入使用的工程,其质量争议按该工程保修合同执行,竣工结算按合同约定办理;已竣工未验收且未实际投入使用的工程以及停工、停建工程的质量争议,双方应就有争议的部分委托有资质的检测鉴定机构进行检测,根据检测结果确定解决方案,或按工程质量监督机构的处理决定执行后办理竣工结算,无争议部分的竣工结算按合同约定办理。

(3)发、承包双方发生工程造价合同纠纷时,应通过下列办法解决。

①双方协商。

②提请调解,工程造价管理机构负责调解工程造价问题。

③按合同约定向仲裁机构申请仲裁或向人民法院起诉。

(4)在合同纠纷案件处理中,需作工程造价鉴定的,应委托具有相应资质的工程造价咨询人进行。

5.4 清单计价表格形式

1. 封面

(1)工程量清单

```
_____工程

              工程量清单

招 标 人：_____     工程造价
                                咨 询 人：_____
        （单位盖章）                    （单位资质专用章）

法定代表人                       法定代表人
或其授权人：_____    或其授权人：_____
      （签字或盖章）                  （签字或盖章）

编 制 人：_____     复 核 人：_____
   （造价人员签字盖专用章）         （造价工程师签字盖专用章）

编制时间：   年   月   日        复核时间：   年   月   日
```

(2)招标控制价

```
_____工程

              招标控制价

招标控制价(小写)：_____
        (大写)：_____

招 标 人：_____     工程造价
                                咨 询 人：_____
        （单位盖章）                    （单位资质专用章）

法定代表人                       法定代表人
或其授权人：_____    或其授权人：_____
      （签字或盖章）                  （签字或盖章）

编 制 人：_____     复 核 人：_____
   （造价人员签字盖专用章）         （造价工程师签字盖专用章）

编制时间：   年   月   日        复核时间：   年   月   日
```

(3)投标总价

投标总价

招 标 人：_____

工 程 名 称：_____

投标总价(小写)：_____

　　　　(大写)：_____

投 标 人：_____
　　　　　　　　(单位盖章)

法定代表人
或其授权人：_____
　　　　　　　　(签字或盖章)

编 制 人：_____
　　　　　　　　(造价人员签字盖专用章)

编制时间：　　年　　月　　日

---

(4)竣工结算总价

　　　　　　_____工程

竣工结算总价

中标价(小写)：_____　　(大写)：_____

结算价(小写)：_____　　(大写)：_____

发包人：_____　承包人：_____　工程造价
　　　　　　　　　　　　　　　　　　　　咨询人：_____
　(单位盖章)　　　　　(单位盖章)　　　　(单位资质专用章)

法定代表人　　　　　法定代表人　　　　　法定代表人
或其授权人：_____　或其授权人：_____　或其授权人：_____
　(签字或盖章)　　　　(签字或盖章)　　　　(签字或盖章)

编 制 人：_____　　复 核 人：_____
　(造价人员签字盖专用章)　　(造价工程师签字盖专用章)

编制时间：　年　月　日　　复核时间：　年　月　日

2. 总说明

总说明

工程名称：　　　　　　　　　　　　　　　　　　　　　　　　　　第　页　共　页

3. 汇总表

(1)工程项目招标控制价/投标报价汇总表

工程项目招标控制价/投标报价汇总表

工程名称：　　　　　　　　　　　　　　　　　　　　　　　　第　页　共　页

序号	单项工程名称	金额(元)	其中		
			暂估价(元)	安全文明施工费(元)	规费(元)
	合　计				

注：本表适用于工程项目招标控制价或投标报价的汇总。

(2)单项工程招标控制价/投标报价汇总表

单项工程招标控制价/投标报价汇总表

工程名称： 第 页共 页

序号	单项工程名称	金额(元)	其中		规费(元)
			暂估价(元)	安全文明施工费(元)	
	合 计				

注：本表适用于单项工程招标控制价或投标报价的汇总。暂估价包括分部分项工程中的暂估价和专业工程暂估价。

(3)单位工程招标控制价/投标报价汇总表

单位工程招标控制价/投标报价汇总表

工程名称：　　　　　　　　　　标段：　　　　　　　　　　第　页共　页

序号	汇总内容	金额(元)	其中暂估价(元)
1	分部分项工程		
1.1			
1.2			
1.3			
1.4			
1.5			
2	措施项目		
2.1	安全文明施工费		
3	其他项目		
3.1	暂列金额		
3.2	专业工程暂估价		
3.3	计日工		
3.4	总承包服务费		
4	规费		
5	税金		
	招标控制价合计＝1＋2＋3＋4＋5		

注：本表适用于单位工程招标控制价或投标报价的汇总。如无单位工程划分，单项工程也使用本表汇总。

(4)工程项目竣工结算汇总表

工程项目竣工结算汇总表

工程名称: 　　　　　　　　　　　　　　　　　　　　　　　　　　　第　页 共　页

序号	单项工程名称	金额(元)	其中	
			安全文明施工费(元)	规费(元)
	合　计			

(5)单项工程竣工结算汇总表

单项工程竣工结算汇总表

工程名称: 第　页　共　页

序号	单项工程名称	金额(元)	其中	
			安全文明施工费(元)	规费(元)
	合　计			

(6)单位工程竣工结算汇总表

单位工程竣工结算汇总表

工程名称：　　　　　　　　　　　标段：　　　　　　　　　　第　页共　页

序号	汇总内容	金额(元)
1	分部分项工程	
1.1		
1.2		
1.3		
1.4		
1.5		
2	措施项目	
2.1	安全文明施工费	
3	其他项目	
3.1	专业工程结算价	
3.2	计日工	
3.3	总承包服务费	
3.4	索赔与现场签证	
4	规费	
5	税金	
	竣工结算总价合计＝1＋2＋3＋4＋5	

注：如无单位工程划分，单项工程也使用本表汇总。

4. 分部分项工程量清单表

(1)分部分项工程量清单与计价表

分部分项工程量清单与计价表

工程名称：　　　　　　　　　　标段：　　　　　　　　　第　页　共　页

序号	项目编码	项目名称	项目特征描述	计量单位	工程量	金额(元)		
						综合单价	合价	其中暂估价
		本页小计						
		合　　计						

注：根据建设部、财政部发布的《建筑安装工程费用组成》(建标[2003]206号)的规定，为计取规费等的使用，可在表中增设其中："直接费""人工费"或"人工费＋机械费"。

(2)工程量清单综合单价分析表

工程量清单综合单价分析表

工程名称： 　　　　　　　　　标段： 　　　　　　　　第　页　共　页

项目编码			项目名称			计量单位			
清单综合单价组成明细										

定额编号	定额名称	定额单位	数量	单价				合价			
				人工费	材料费	机械费	管理费和利润	人工费	材料费	机械费	管理费和利润
人工单价			小　　计								
元/工日			未计价材料费								
清单项目综合单价												

材料费明细	主要材料名称、规格、型号	单位	数量	单价(元)	合价(元)	暂估单价(元)	暂估合价(元)
	其他材料费					—	—
	材料费小计					—	—

注：1.如不使用省级或行业建设主管部门发布的计价依据，可不填定额项目、编号等。
　　2.招标文件提供了暂估单价的材料，按暂估的单价填入表内"暂估单价"栏及"暂估合价"栏。

5. 措施项目清单表

(1)措施项目清单与计价表(一)

措施项目清单与计价表(一)

工程名称：　　　　　　　　　标段：　　　　　　　第　页　共　页

序号	项目名称	计算基地	费率/%	金额/元
1	安全文明施工费			
2	夜间施工费			
3	二次搬运费			
4	冬雨季施工			
5	大型机械设备进出场及安拆费			
6	施工排水			
7	施工降水			
8	地上、地下设施、建筑物的临时保护设施			
9	已完工程及设备保护			
10	各专业工程的措施项目			
11				
12				
	合　计			

注：1. 本表适用于以"项"计价的措施项目。

2. 根据建设部、财政部发布的《建筑安装工程费用组成》(建标[2003]206号)的规定，"计算基础"可为"直接费""人工费"或"人工费+机械费"。

(2)措施项目清单与计价表(二)

措施项目清单与计价表(二)

工程名称:　　　　　　　　　　标段:　　　　　　　　　　第　页 共　页

序号	项目编码	项目名称	项目特征描述	计量单位	工程量	金额/元	
						综合单价	合价
				本页小计			
				合　　计			

注:本表适用于以综合单价形式计价的措施项目。

6. 其他项目清单表

(1) 其他项目清单与计价汇总表

其他项目清单与计价汇总表

工程名称：　　　　　　　　　　　　标段：　　　　　　　　第　页共　页

序号	项目名称	计量单位	金额/元	备注
1	暂列金额			
2	暂估价			
2.1	材料暂估价		—	
2.2	专业工程暂估价			
3	计日工			
4	总承包服务费			
5				
	合　计			—

注：材料暂估单价进入清单项目综合单价，此处不汇总。

(2)暂列金额明细表

暂列金额明细表

工程名称：　　　　　　　　　标段：　　　　　　　　　第　页 共　页

序号	项目名称	计量单位	暂定金额/元	备注
1				
2				
3				
4				
5				
6				
7				
8				
9				
10				
11				
	合　计			—

注：此表由招标人填写，如不能详列，也可只列暂定金额总额，投标人应将上述暂列金额计入投标总价中。

(3)材料暂估单价表

材料暂估单价表

工程名称：　　　　　　　　　　标段：　　　　　　　　　　　第　页　共　页

序号	材料名称、规格、型号	计量单位	单价/元	备注

注：1. 此表由招标人填写，并在备注栏说明暂估价的材料拟用在哪些清单项目上，投标人应将上述材料暂估单价计入工程量清单综合单价报价中。

2. 材料包括原材料、燃料、构配件以及按规定应计入建筑安装工程造价的设备。

(4)专业工程暂估价表

专业工程暂估价表

工程名称： 标段： 第 页 共 页

序号	工程名称	工程内容	金额/元	备 注
合　　计				—

注：此表由招标人填写，投标人应将上述专业工程暂估价计入投标总价中。

(5)计日工表(见表6.20)。

计日工表

工程名称：　　　　　　　　　　标段：　　　　　　　　　　第　页　共　页

编号	项目名称	单位	暂定数量	综合单价	合价
一	人　工				
1					
2					
3					
4					
	人工小计				
二	材　料				
1					
2					
3					
4					
5					
6					
	材料小计				
三	施工机械				
1					
2					
3					
4					
	施工机械小计				
	总　　计				

注：此表项目名称、数量由招标人填写，编制招标控制价时，单价由招标人按有关计价规定确定；投标时，单价由投标人自主报价，计入投标总价中。

(6) 总承包服务费计价表

总承包服务费计价表

工程名称： 标段： 第 页 共 页

序号	项目名称	项目价值/元	服务内容	费率/%	金额/元
1	发包人发包专业工程				
2	发包人供应材料				
	合 计				

(7)索赔与现场签证计价汇总表

索赔与现场签证计价汇总表

工程名称： 标段： 第 页 共 页

序号	签证及索赔项目名称	计量单位	数量	单价/元	合价/元	索赔及签证依据
	本页小计					—
	合计					—

注：签证及索赔依据是指经双方认可的签证单和索赔依据的编号。

(8)费用索赔申请(核准)表

费用索赔申请(核准)表

工程名称：　　　　　　　　标段：　　　　　　　　编号：

致：＿＿＿＿＿＿＿＿＿＿＿＿＿＿＿＿＿＿＿＿＿＿＿＿＿＿＿＿＿＿＿＿＿(发包人全称)
根据施工合同条款第＿＿＿＿＿＿条的约定，由于＿＿＿＿＿＿＿原因，我方要求索赔金额(大写)＿＿＿＿＿＿＿元，(小写)＿＿＿＿＿＿＿元，请予核准。 附：1. 费用索赔的详细理由和依据； 　　2. 索赔金额的计算； 　　3. 证明材料。 　　　　　　　　　　　　　　　　　　　　　　　　　　承包人(章) 　　　　　　　　　　　　　　　　　　　　　　　　　　承包人代表＿＿＿＿＿＿ 　　　　　　　　　　　　　　　　　　　　　　　　　　日　　　期＿＿＿＿＿＿

| 复核意见：
　　根据施工合同条款第＿＿＿＿＿＿条的约定，你方提出的费用索赔申请经复核：
　　□不同意此项索赔，具体意见见附件。
　　□同意此项索赔，索赔金额的计算，由造价工程师复核。

　　　　　　　　　监理工程师＿＿＿＿＿＿
　　　　　　　　　日　　　期＿＿＿＿＿＿ | 复核意见：
　　根据施工合同条款第＿＿＿＿＿＿条的约定，你方提出的费用索赔申请经复核，索赔金额为(大写)＿＿＿＿＿＿元，(小写)＿＿＿＿＿＿元。

　　　　　　　　　造价工程师＿＿＿＿＿＿
　　　　　　　　　日　　　期＿＿＿＿＿＿ |

审核意见： 　　□不同意此项索赔。 　　□同意此项索赔，与本期进度款同期支付。   　　　　　　　　　　　　　　　　　　　　　　　　　　发包人(章) 　　　　　　　　　　　　　　　　　　　　　　　　　　发包人代表＿＿＿＿＿＿ 　　　　　　　　　　　　　　　　　　　　　　　　　　日　　　期＿＿＿＿＿＿

注：1. 在选择栏中的"□"内作标识"√"。
　　2. 本表一式四份，由承包人填报，发包人、监理人、造价咨询人、承包人各存一份。

(9)现场签证表

现场签证表

工程名称：　　　　　　　　标段：　　　　　　　　编号：

施工部位		日期	
致：＿＿＿＿＿＿＿＿＿＿＿＿＿＿＿＿＿＿＿＿＿＿＿＿＿＿＿＿＿＿＿（发包人全称） 根据＿＿＿＿＿＿（指令人姓名）　年　月　日的口头指令或你方＿＿＿＿＿＿（或监理人） 　年　月　日的书面通知，我方要求完成此项工作应支付价款金额为（大写）＿＿＿＿＿＿元，（小写）＿＿＿＿＿＿元，请予核准。 附：1. 签证事由及原因； 　　2. 附图及计算式。 　　　　　　　　　　　　　　　　　　　　　　　　　　　　承包人（章） 　　　　　　　　　　　　　　　　　　　　　　　　　　　　承包人代表＿＿＿＿＿＿＿ 　　　　　　　　　　　　　　　　　　　　　　　　　　　　日　　期＿＿＿＿＿＿＿			
复核意见： 　你方提出的此项签证申请经复核： 　□不同意此项签证，具体意见见附件。 　□同意此项签证，签证金额的计算，由造价工程师复核。 　　　　监理工程师＿＿＿＿＿＿ 　　　　日　　期＿＿＿＿＿＿		复核意见： 　□此项签证按承包人中标的计日工单价计算，金额为（大写）＿＿＿＿＿＿元，（小写）＿＿＿＿＿＿元。 　□此项签证因无计日工单价，金额为（大写）＿＿＿＿＿＿元，（小写）＿＿＿＿＿＿元。 　　　　造价工程师＿＿＿＿＿＿ 　　　　日　　期＿＿＿＿＿＿	
审核意见： 　□不同意此项签证。 　□同意此项签证，价款与本期进度款同期支付。 　　　　　　　　　　　　　　　　　　　　　　　　　　　　发包人（章） 　　　　　　　　　　　　　　　　　　　　　　　　　　　　发包人代表＿＿＿＿＿＿＿ 　　　　　　　　　　　　　　　　　　　　　　　　　　　　日　　期＿＿＿＿＿＿＿			

注：1. 在选择栏中的"□"内作标识"√"。
　　2. 本表一式四份，由承包人在收到发包人（监理人）的口头或书面通知后填写，发包人、监理人、造价咨询人、承包人各存一份。

第5章 装饰装修工程量清单计价

7. 规费、税金项目清单与计价表

规费、税金项目清单与计价表

工程名称：　　　　　　　　　　　标段：　　　　　　　　　　第　页 共　页

序号	项目名称	计算基础	费率/%	金额/元
1	规费			
1.1	工程排污费			
1.2	社会保障费			
(1)	养老保险费			
(2)	失业保险费			
(3)	医疗保险费			
1.3	住房公积金			
1.4	危险作业意外伤害保险			
1.5	工程定额测定费			
2	税金	分部分项工程费＋措施项目费＋其他项目费＋规费		
	合　计			

注：根据建设部、财政部发布的《建筑安装工程费用组成》（建标[2003]206号）的规定，"计算基础"可为"直接费""人工费"或"人工费＋机械费"。

8. 工程款支付申请(核准)表

工程款支付申请(核准)表

工程名称：　　　　　　　　　标段：　　　　　　　　　编号：

致：_____(发包人全称)

我方于_____至_____期间已完成了_____工作，根据施工合同的约定，现申请支付本期的工程款额为(大写)_____元，(小写)_____元，请予核准。

序号	名　　称	金额/元	备　注
1	累计已完成的工程价款		
2	累计已实际支付的工程价款		
3	本周期已完成的工程价款		
4	本周期完成的计日工金额		
5	本周期应增加和扣减的变更金额		
6	本周期应增加和扣减的索赔金额		
7	本周期应抵扣的预付款		
8	本周期应扣减的质保金		
9	本周期应增加或扣减的其他金额		
10	本周期实际应支付的工程价款		

　　　　　　　　　　　　　　　　　　　　　　　　承包人(章)
　　　　　　　　　　　　　　　　　　　　　　　　承包人代表_____
　　　　　　　　　　　　　　　　　　　　　　　　日　　期_____

复核意见：
　□与实际施工情况不相符，修改意见见附件。
　□与实际施工情况相符，具体金额由造价工程师复核。

　　　　　　监理工程师_____
　　　　　　　　日　　期_____

复核意见：
　你方提出的支付申请经复核，本期间已完成工程款额为(大写)_____元,(小写)_____元,本期间应支付金额为(大写)_____元,(小写)_____元。

　　　　　　造价工程师_____
　　　　　　　　日　　期_____

审核意见：
　□不同意。
　□同意,支付时间为本表签发后的15天内。

　　　　　　　　　　　　　　　　　　　　　　　　发包人(章)
　　　　　　　　　　　　　　　　　　　　　　　　发包人代表_____
　　　　　　　　　　　　　　　　　　　　　　　　日　　期_____

注：1. 在选择栏中的"□"内作标识"√"。
　　2. 本表一式四份,由承包人填报,发包人、监理人、造价咨询人、承包人各存一份。

第6章 装饰装修工程工程量计算规则

6.1 工程量计算基本原理

目前,我国绝大部分建设工程的发包与承包,都是采用招标投标方式完成的。因此,作为标价(包括标底价格和投标报价)计算的主要工作——工程量计算,也要按不同的需要、不同的计算依据、不同的计算方法,分两大部分进行。即招标的工程量计算和投标的工程量计算。

1. 工程量计算方法和依据

(1)2008年12月1日施行的《建设工程工程量清单计价规范》(以下简称"清单计价规范")。

(2)2002年1月1日施行的《全国统一建筑装饰装修工程消耗量定额》(以下简称"全统装饰定额")。

(3)1995年12月15日施行的《全国统一建筑工程基础定额》(以下简称"全统基础定额")。

(4)地区现行的《装饰装修工程预算定额》(以下简称"地方定额")。

(5)企业现行的《装饰装修工程施工定额》(以下简称"企业定额")。

2. 招标的工程量

招标的工程量是指招标人在编制招标文件时,列在工程量清单中的工程量。建筑装饰装修工程量清单(简称工程量清单),是招标文件的组成部分,是编制招标标底、投标报价的依据。工程量清单应由具有编制能力的招标人或受其委托,具有相应资质的工程造价咨询人编制。工程量清单是按照招标文件、施工图纸和技术资料的要求,将拟建招标工程的全部项目内容,依据和统一的施工项目划分规定,计算拟招标工程项目的全部分部分项的实物工程量和技术性措施项目,并以统一的计量单位和表式列出的工程量表,称为工程量清单。工程量清单由分部分项工程量清单、措施项目清单、其他项目清单、规费项目清单、税金项目清单组成。

(1)招标工程量的计算应根据下列依据:
①招标文件。
②施工图纸及相关资料。
③《清单计价规范》统一的工程量计算(量)规则。
④《清单计价规范》统一的工程量清单项目划分标准。
⑤《清单计价规范》统一的工程量计量单位。
⑥《清单计价规范》统一的分部分项清单项目编码、项目名称和项目特征。

⑦施工现场实际情况。
(2)招标工程量的主要作用为：
①招标人编制并确定标底价的依据。
②投标人编制投标报价,策划投标方案的依据。
③工程量清单是招标人、投标人签订工程施工合同的依据。
④工程量清单也是工程结算和工程竣工结算的依据。

3. 投标的工程量

投标的工程量是指投标人在编制投标文件时,确定投标报价的工程量。
(1)投标工程量的计算应根据下列依据：
①招标文件。
②施工图纸及有关资料。
③企业定额。
④全统基础定额。
⑤全统装饰定额。
⑥施工现场实际情况。
(2)投标工程量的主要作用为：
①投标人编制并确定投标报价的依据。
②投标人策划投标方案的依据。
③投标人编制施工组织设计的依据。
④投标人进行工料分析、确定实际工期、编制施工预算和施工计划的依据。

4. 定额工程量与清单工程量

(1)定额工程量与清单工程量的含义。
①定额工程量。
施工企业(承包商、投标人)在投标报价时,依据企业定额,或者参考地区装饰定额、全统基础定额和全统装饰定额计算出来的工程量,我们简称为定额工程量,即投标的工程量。

由于目前全国许多施工企业尚没有自己内部的企业定额,所以在编制投标报价时,可以参考现行的地方定额、全统基础定额和全统装饰定额的工程量计算规则并结合实际情况计算工程量。
②清单工程量。
建设单位(业主、招标人)在编制招标文件时,依据清单计价规范计算出来的工程量,我们简称为清单工程量,即招标的工程量。

凡是实行工程量清单招标的工程,招标文件中必须附有工程量清单,工程量清单工程量必须严格按照清单计价规范中的工程量计算规则进行计算。
(2)定额工程量与清单工程量的区别为：
①工程量计算依据不同。
a.定额工程量依据的是施工企业内部的施工定额(企业定额),如果没有企业定额,则

可以参考地区装饰定额或全统基础定额和全统装饰定额,并可结合实际情况进行调整。

b. 清单工程量依据的是清单计价规范。

②工程量的用途不同。

a. 定额工程量是供施工企业确定投标报价时使用。

b. 清单工程量是供建设单位编制招标文件时使用。

③工程量项目设置的数量不同。

a. 全统装饰定额的项目设置为:楼地面工程,墙柱面工程,天棚工程,门窗工程,油漆、涂料、裱糊工程,其他工程,装饰装修脚手架及项目成品保护费,垂直运输及超高增加费,共 8 章 59 节 1 457 个子目。

b. 清单计价规范的项目设置为:楼地面工程,墙柱面工程,天棚工程,门窗工程,油漆、涂料、裱糊工程,其他工程,共 6 章 47 节 214 个子目。全统装饰定额中的"装饰装修脚手架及项目成品保护费"和"垂直运输及超高增加费"列入工程量清单措施项目中。

④工程量计算规则适用的范围不同。

a. 全统装饰定额工程量计算规则适用于所有新建、扩建和改建工程的装饰装修工程预算工程量计算。

b. 清单计价规范工程量计算规则只适用于采用工程量清单计价的装饰装修工程预算工程量计算。

⑤工程量项目包括的工程内容不同。

a. 全统装饰定额的项目是按施工工序进行设置的,其分项子目划分的比较细,有 1 457 个之多。各节子目包括的工程内容也比较单一,例如,大理石楼地面、花岗岩楼地面等项目,其工作内容包括:清理基层、试排弹线、锯板修边、铺贴饰面、清理净面。从工作内容可以看出,其工程内容只限大理石和花岗岩地面面层本身,其垫层、找平层则只需列子目单独计算。

b. 清单计价规范的项目设置按"综合实体"考虑的,其分项子目划分的比较粗,只有 214 个。划分时在全统装饰定额的基础上进行了综合扩大,各子目包括的工程内容大大增加了,例如石材楼地面子目包括了大理石楼地面、花岗岩楼地面等石材楼地面项目,其工程内容包括:基层清理、铺设垫层、抹找平层、防水层铺设、填充层铺设、面层铺设、嵌缝、刷防护材料、酸洗、打蜡、材料运输。从工程内容可以看出,该子目不但包括了石材楼地面面层,还综合了在全统装饰定额中应单独列项的垫层、找平层等多项内容。

⑥工程量的计量单位值不同。

a. 全统装饰定额的工程量计量单位值根据不同情况设置为"1""10""1 000"等数值。

b. 清单计价规范的工程量计量单位值全部设置为"1"。

⑦工程量的计量原则不同。

a. 全统装饰定额工程量的计量原则是:在根据图纸的净尺寸计算出分项工程的实体净值(理论量)的基础上,还要加算实际施工中因各种因素必须发生的工程量,例如,各种不可避免的损耗量以及需要增加的工程量。

b. 清单计价规范工程量的计量原则是:以按图纸的净尺寸计算出分项工程的实体工程量为准,以完成后的净值(理论量)计算。其他因素引起的工程量变化不予考虑。

6.2 楼地面工程

6.2.1 定额说明

第一部分：按《全国统一建筑工程基础定额》执行的项目。

按《全国统一建筑工程基础定额》执行的项目，其定额说明如下。

(1)本章水泥砂浆、水泥石子浆、混凝土等的配合比，如设计规定与定额不同时，可以换算。

(2)整体面层、块料面层中的楼地面项目，均不包括踢脚板工料；楼梯不包括踢脚板、侧面及板底抹灰，另按相应定额项目计算。

(3)踢脚板高度是按 150 mm 编制的。超过时材料用量可以调整，人工、机械用量不变。

(4)菱苦土地面、现浇水磨石定额项目已包括酸洗打蜡工料，其余项目均不包括酸洗打蜡。

(5)扶手、栏杆、栏板适用于楼梯、走廊、回廊及其他装饰性栏杆、栏板。扶手不包括弯头制作和安装，另按弯头单项定额计算。

(6)台阶不包括牵边、侧面装饰。

(7)定额中的"零星装饰"项目，适用于小便池、蹲位、池槽等。本定额未列的项目，可按墙、柱面中相应项目计算。

(8)木地板中的硬、杉、松木板，是按毛料厚度 25 mm 编制的，设计厚度与定额厚度不同时，可以换算。

(9)地面伸缩缝按第九章相应项目及规定计算。

(10)碎石、砾石灌沥青垫层按第十章相应项目计算。

(11)钢筋混凝土垫层按混凝土垫层项目执行，其钢筋部分按本章相应项目及规定计算。

(12)各种明沟平均净空断面(深×宽)均是按 190 mm×260 mm 计算的，断面不同时允许换算。

第二部分：按《全国统一建筑装饰装修工程消耗量定额》执行的项目。

按《全国统一建筑装饰装修工程消耗量定额》执行的项目，其定额说明如下。

(1)同一铺贴面上有不同种类、材质的材料，应分别执行相应定额子目。

(2)扶手、栏杆、栏板适用于楼梯、走廊、回廊及其他装饰性栏杆、栏板。

(3)零星项目面层适用于楼梯侧面、台阶的牵边、小便池、蹲便台、池槽在 1 m^2 以内且定额未列项目的工程。

(4)木地板填充材料，按照《全国统一建筑工程基础定额》相应子目执行。

(5)大理石、花岗岩楼地面拼花按成品考虑。

(6)镶贴面积小于 0.015 m^2 的石材执行点缀定额。

6.2.2 基础定额工程量计算规则

第一部分：按《全国统一建筑工程基础定额》执行的项目。

按《全国统一建筑工程基础定额》执行的项目，其工程量计算规则如下。

(1)地面垫层按室内主墙间净空面积乘以设计厚度以立方米计算。应扣除凸出地面的构筑物、设备基础、室内管道、地沟等所占体积，不扣除柱、垛、间壁墙、附墙烟囱及面积在 $0.3 m^2$ 以内孔洞所占体积。

(2)整体面层、找平层均按主墙间净空面积以平方米计算。应扣除凸出地面构筑物、设备基础、室内管道、地沟等所占面积，不扣除柱、垛、间壁墙、附墙烟囱及面积在 $0.3 m^2$ 以内的孔洞所占面积，但门洞、空圈、暖气包槽、壁龛的开口部分亦不增加。

(3)块料面层，按图示尺寸实铺面积以平方米计算，门洞、空圈、暖气包槽和壁龛的开口部分的工程量并入相应的面层内计算。

(4)楼梯面层(包括踏步、平台以及小于 500 mm 宽的楼梯井)按水平投影面积计算。

(5)台阶面层(包括踏步及最上一层踏步沿 300 mm)按水平投影面积计算。

(6)其他。

①踢脚板按延长米计算，洞口、空圈长度不予扣除，洞口、空圈、垛、附墙烟囱等侧壁长度亦不增加。

②散水、防滑坡道按图示尺寸以平方米计算。

③栏杆、扶手包括弯头长度按延长米计算。

④防滑条按楼梯踏步两端距离减 300 mm 以延长米计算。

⑤明沟按图示尺寸以延长米计算。

第二部分：按《全国统一建筑装饰装修工程消耗量定额》执行的项目。

按《全国统一建筑装饰装修工程消耗量定额》执行的项目，其工程量计算规则如下。

(1)楼地面装饰面积按装饰面的净面积计算，不扣除 $0.1 m^2$ 以内的孔洞所占面积；拼花部分按实贴面积计算。

(2)楼梯面积(包括踏步、休息平台以及小于 50 mm 宽的楼梯井)按水平投影面积计算。

(3)台阶面层(包括踏步以及上一层踏步沿 300 mm)按水平投影面积计算。

(4)踢脚线按实贴长乘高以平方米计算，成品踢脚线按实贴延长米计算；楼梯踢脚线按相应定额乘以系数 1.15。

(5)点缀按个计算，计算主体铺贴地面面积时，不扣除定额所占面积。

(6)零星项目按实铺面积计算。

(7)栏杆、栏板、扶手均按其中心线长度以延长米计算，计算扶手时不扣除弯头所占长度。

(8)弯头按个计算。

(9)石材底面刷养护液按底面面积加 4 个侧面面积，以平方米计算。

【示例 6.1】 如图 6.1 所示，求某办公楼二层房间(不包括卫生间)及走廊水泥砂浆踢脚线工程量(做法：水泥砂浆踢脚线，踢脚线高 150 mm)。

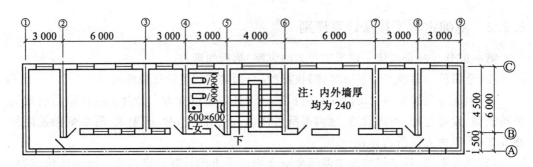

图 6.1 某办公楼二层示意图(单位:mm)

【解】 按延长米计算:

工程量/m = $(3-0.12\times2+6-0.12\times2)\times2+(6-0.12\times2+4.5-0.12\times2)\times2$
$+(3-0.12\times2+4.5-0.12\times2)\times2+(6-0.12\times2+4.5-0.12\times2)\times2$
$+(3-0.12\times2+4.5-0.12\times2)\times2+(3-0.12\times2+6-0.12\times2)\times2$
$+(6+3+3+4+6+3-0.12\times2+1.5-0.12\times2)\times2-4$
$=150.28$

【示例 6.2】 如图 6.2 所示,求某建筑房间(不包括卫生间)及走廊地面铺贴复合木地板面层工程量。

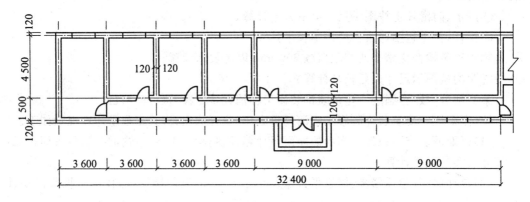

图 6.2 某建筑平面示意图(单位:mm)

【解】

工程量/m² = $(6-0.12\times2)\times(3.6-0.12\times2)+(4.5-0.12\times2)$
$\times(3.6-0.12\times2)\times3+(4.5-0.12\times2)\times(9-0.12\times2)\times2$
$+(1.5-0.12\times2)\times(32.4-3.6-0.12\times2)+0.9\times0.24\times5+1.5\times0.24\times3$
$=5.76\times3.36+4.26\times3.36\times3+4.26\times8.76\times2+1.26\times28.56+2.16$
$=175.08$

6.2.3 工程量清单项目设置及工程量计算规则

1. 整体面层

工程量清单项目设置及工程量计算规则,应按表 6.1 的规定执行。

第6章 装饰装修工程工程量计算规则

表 6.1 整体面层(编码:020101)

项目编码	项目名称	项目特征	计量单位	工程量计算规则	工程内容
020101001	水泥砂浆楼地面	1.垫层材料种类、厚度 2.找平层厚度、砂浆配合比 3.防水层厚度、材料种类 4.面层厚度、砂浆配合比	m²	按设计图示尺寸以面积计算。扣除凸出地面构筑物、设备基础、室内铁道、地沟等所占面积,不扣除间壁墙和0.3 m²以内的柱、垛、附墙烟囱及孔洞所占面积。门洞、空圈、暖气包槽、壁龛的开口部分不增加面积	1.基层清理 2.垫层铺设 3.抹找平层 4.防水层铺设 5.抹面层 6.材料运输
020101002	现浇水磨石楼地面	1.垫层材料种类、厚度 2.找平层厚度、砂浆配合比 3.防水层厚度、材料种类 4.面层厚度、水泥石子浆配合比 5.嵌条材料种类、规格 6.石子种类、规格、颜色 7.颜料种类、颜色 8.图案要求 9.磨光、酸洗、打蜡要求			1.基层清理 2.垫层铺设 3.抹找平层 4.防水层铺设 5.面层铺设 6.嵌缝条安装 7.磨光、酸洗、打蜡 8.材料运输
020101003	细石混凝土楼地面	1.垫层材料种类、厚度 2.找平层厚度、砂浆配合比 3.防水层厚度、材料种类 4.面层厚度、混凝土强度等级			1.基层清理 2.垫层铺设 3.抹找平层 4.防水层铺设 5.面层铺设 6.材料运输
020101004	菱苦土楼地面	1.垫层材料种类、厚度 2.找平层厚度、砂浆配合比 3.防水层厚度、材料种类 4.面层厚度 5.打蜡要求			1.基层清理 2.垫层铺设 3.抹找平层 4.防水层铺设 5.面层铺设 6.打蜡 7.材料运输

2. 块料面层

工程量清单项目设置及工程量计算规则,应按表6.2的规定执行。

表6.2 块料面层(编码:020102)

项目编码	项目名称	项目特征	计量单位	工程量计算规则	工程内容
020102001	石材楼地面	1.垫层材料种类、厚度 2.找平层厚度、砂浆配合比 3.防水层、材料种类 4.填充材料种类、厚度 5.结合层厚度、砂浆配合比 6.面层材料品种、规格、品牌、颜色 7.嵌缝材料种类 8.防护层材料种类 9.酸洗、打蜡要求	m²	按设计图示尺寸以面积计算。扣除凸出地面构筑物、设备基础、室内铁道、地沟等所占面积,不扣除间壁墙和0.3 m²以内的柱、垛、附墙烟囱及孔洞所占面积。门洞、空圈、暖气包槽、壁龛的开口部分不增加面积。	1.基层清理、铺设垫层、抹找平层 2.防水层铺设、填充层铺设 3.面层铺设 4.嵌缝 5.刷防护材料 6.酸洗、打蜡 7.材料运输
020102002	块料楼地面				

3. 橡塑面层

工程量清单项目设置及工程量计算规则,应按表6.3的规定执行。

表6.3 橡塑面层(编码:020103)

项目编码	项目名称	项目特征	计量单位	工程量计算规则	工程内容
020103001	橡胶板楼地面	1.找平层厚度、砂浆配合比 2.填充材料种类、厚度 3.粘结层厚度、材料种类 4.面层材料品种、规格、品牌、颜色 5.压线条种类	m²	按设计图示尺寸以面积计算。门洞、空圈、暖气包槽、壁龛的开口部分并入相应的工程量内	1.基层清理、抹找平层 2.铺设填充层 3.面层铺贴 4.压缝条装钉 5.材料运输
020102002	橡胶卷材楼地面				
020103003	塑料板楼地面				
020103004	塑料卷材楼地面				

4. 其他材料面层

工程量清单项目设置及工程量计算规则,应按表6.4的规定执行。

第6章 装饰装修工程工程量计算规则

表 6.4 其他材料面层(编码:020104)

项目编码	项目名称	项目特征	计量单位	工程量计算规则	工程内容
020104001	楼地面地毯	1.找平层厚度、砂浆配合比 2.填充材料种类、厚度 3.面层材料品种、规格、品牌、颜色 4.防护材料种类 5.粘结材料种类 6.压线条种类	m²	按设计图示尺寸以面积计算。门洞、空圈、暖气包槽、壁龛的开口部分并入相应的工程量内	1.基层清理、抹找平层 2.铺设填充层 3.面层铺贴 4.刷防护材料 5.装钉压条 6.材料运输
020104002	竹木地板	1.找平层厚度、砂浆配合比 2.填充材料种类、厚度、找平层厚度、砂浆配合比 3.龙骨材料种类、规格、铺设间距 4.基层材料种类、规格 5.面层材料品种、规格、品牌、颜色 6.粘结材料种类 7.防护材料种类 8.油漆品种、刷漆遍数			1.基层清理、抹找平层 2.铺设填充层 3.龙骨铺设 4.铺设基层 5.面层铺贴 6.刷防护材料 7.材料运输
020104003	防静电活动地板	1.找平层厚度、砂浆配合比 2.填充材料种类、厚度,找平层厚度、砂浆配合比 3.支架高度、材料种类 4.面层材料品种、规格、品牌、颜色 5.防护材料种类			1.基层清理、抹找平层 2.铺设填充层 3.固定支架安装 4.刷防护材料 5.刷防护材料 6.材料运输
020104004	金属复合地板	1.找平层厚度、砂浆配合比 2.填充材料种类、厚度,找平层厚度、砂浆配合比 3.龙骨材料种类、规格、铺设间距 4.基层材料种类、规格 5.面层材料品种、规格、品牌 6.防护材料种类			1.基层清理、抹找平层 2.铺设填充层 3.龙骨铺设 4.基层铺设 5.面层铺贴 6.刷防护材料 7.材料运输

5. 踢脚线

工程量清单项目设置及工程量计算规则,应按表 6.5 的规定执行。

表 6.5 踢脚线(编码:020105)

项目编码	项目名称	项目特征	计量单位	工程量计算规则	工程内容
020105001	水泥砂浆踢脚线	1. 踢脚线高度 2. 底层厚度、砂浆配合比 3. 面层厚度、砂浆配合比	m²	按设计图示长度乘以高度以面积计算	1. 基层清理 2. 底层抹灰 3. 面层铺贴 4. 勾缝 5. 磨光、酸洗、打蜡 6. 刷防护材料 7. 材料运输
020105002	石材踢脚线	1. 踢脚线高度 2. 底层厚度、砂浆配合比 3. 粘贴层厚度、材料种类 4. 面层材料品种、规格、品牌、颜色 5. 勾缝材料种类 6. 防护材料种类			
020105003	块料踢脚线				
020105004	现浇水磨石踢脚线	1. 踢脚线高度 2. 底层厚度、砂浆配合比 3. 面层厚度、水泥石子浆配合比 4. 石子种类、规格、颜色 5. 颜料种类、颜色 6. 磨光、酸洗、打蜡要求			
020105005	塑料板踢脚线	1. 踢脚线高度 2. 底层厚度、砂浆配合比 3. 粘结层厚度、材料种类 4. 面层材料种类、规格、品牌、颜色			
020105006	木质踢脚线	1. 踢脚线高度 2. 底层厚度、砂浆配合比 3. 基层材料种类、规格 4. 面层材料品种、规格、品牌、颜色 5. 防护材料种类 6. 油漆品种、刷漆遍数			1. 基层清理 2. 底层抹灰 3. 基层铺贴 4. 面层铺贴 5. 刷防护材料 6. 刷油漆 7. 材料运输
020105007	金属踢脚线				
020105008	防静电踢脚线				

6. 楼梯装饰

工程量清单项目设置及工程量计算规则,应按表 6.6 的规定执行。

表 6.6　楼梯装饰(编码:020106)

项目编码	项目名称	项目特征	计量单位	工程量计算规则	工程内容
020106001	石材楼梯面层	1.找平层厚度、砂浆配合比 2.贴结层厚度、材料种类 3.面层材料品种、规格、品牌、颜色 4.防滑条材料种类、规格 5.勾缝材料种类 6.防护层材料种类 7.酸洗、打蜡要求	m²	按设计图示尺寸以楼梯(包括踏步、休息平台及500 mm 以内的楼梯井)水平投影面积计算。楼梯与楼地面相连时,算至梯口梁内侧边沿;无梯口梁者,算至最上一层踏步边沿加300 mm	1.基层清理 2.抹找平层 3.面层铺贴 4.贴嵌防滑条 5.勾缝 6.刷防护材料 7.酸洗、打蜡 8.材料运输
020106002	块料楼梯面层				
020106003	水泥砂浆楼梯面	1.找平层厚度、砂浆配合比 2.面层厚度、砂浆配合比 3.防滑条材料种类、规格			1.基层清理 2.抹找平层 3.抹面层 4.抹防滑条 5.材料运输
020106004	现浇水磨石楼梯面	1.找平层厚度、砂浆配合比 2.面层厚度、水泥石子浆配合比 3.防滑条材料种类、规格 4.石子种类、规格、颜色 5.颜料种类、颜色 6.磨光、酸洗、打蜡要求			1.基层清理 2.抹找平层 3.抹面层 4.贴嵌防滑条 5.磨光、酸洗、打蜡 6.材料运输
020106005	地毯楼梯面	1.基层种类 2.找平层厚度、砂浆配合比 3.面层材料品种、规格、品牌、颜色 4.防护材料种类 5.粘结材料种类 6.固定配件材料种类、规格			1.基层清理 2.抹找平层 3.铺贴面层 4.固定配件安装 5.刷防护材料 6.材料运输
020106006	木板楼梯面	1.找平层厚度、砂浆配合比 2.基层材料种类、规格 3.面层材料品种、规格、品牌、颜色 4.粘结材料种类 5.防护材料种类 6.油漆品种、刷漆遍数			1.基层清理 2.抹找平层 3.基层铺贴 4.面层铺贴 5.刷防护材料、油漆 6.材料运输

7. 扶手、栏杆、栏板装饰

工程量清单项目设置及工程量计算规则,应按表 6.7 的规定执行。

表 6.7　扶手、栏杆、栏板装饰(编码:020107)

项目编码	项目名称	项目特征	计量单位	工程量计算规则	工程内容
020107001	金属扶手带栏杆、栏板	1. 扶手材料种类、规格、品牌、颜色 2. 栏杆材料种类、规格、品牌、颜色 3. 栏板材料种类、规格、品牌、颜色 4. 固定配件种类 5. 防护材料种类 6. 油漆品种、刷漆遍数	m	按设计图示尺寸以扶手中心线长度(包括弯头长度)计算	1. 制作 2. 运输 3. 安装 4. 刷防护材料 5. 刷油漆
020107002	硬木扶手带栏杆、栏板	^	^	^	^
020107003	塑料扶手带栏杆、栏板	^	^	^	^
020107004	金属靠墙扶手	1. 扶手材料种类、规格、品牌、颜色 2. 固定配件种类 3. 防护材料种类 4. 油漆品种、刷漆遍数	^	^	^
020107005	硬木靠墙扶手	^	^	^	^
020107006	塑料靠墙扶手	^	^	^	^

8. 台阶装饰

工程量清单项目设置及工程量计算规则,应按表 6.8 的规定执行。

表 6.8 台阶装饰(编码:020108)

项目编码	项目名称	项目特征	计量单位	工程量计算规则	工程内容
020108001	石材台阶面	1. 垫层材料种类、厚度 2. 找平层厚度、砂浆配合比 3. 粘结层材料种类 4. 面层材料品种、规格、品牌、颜色 5. 勾缝材料种类 6. 防滑条材料种类、规格 7. 防护材料种类	m²	按设计图示尺寸以台阶(包括最上层踏步边沿加300 mm)水平投影面积计算	1. 基层清理 2. 铺设垫层 3. 抹找平层 4. 面层铺贴 5. 贴嵌防滑条 6. 勾缝 7. 刷防护材料 8. 材料运输
020108002	块料台阶面				
020108003	水泥砂浆台阶面	1. 垫层材料种类、厚度 2. 找平层厚度、砂浆配合比 3. 面层厚度、砂浆配合比 4. 防滑条材料种类			1. 基层清理 2. 铺设垫层 3. 抹找平层 4. 抹面层 5. 抹防滑条 6. 材料运输
020108004	现浇水磨石台阶面	1. 垫层材料种类、厚度 2. 找平层厚度、砂浆配合比 3. 面层厚度、水泥石子浆配合比 4. 防滑条材料种类、规格 5. 石子种类、规格、颜色 6. 颜料种类、颜色 7. 磨光、酸洗、打蜡要求			1. 基层清理 2. 铺设垫层 3. 抹找平层 4. 抹面层 5. 贴嵌防滑条 6. 打磨、酸洗、打蜡 7. 材料运输
020108005	剁假石台阶面	1. 垫层材料种类、厚度 2. 找平层厚度、砂浆配合比 3. 面层厚度、砂浆配合比 4. 剁假石要求			1. 基层清理 2. 铺设垫层 3. 抹找平层 4. 抹面层 5. 剁假石 6. 材料运输

9. 零星装饰项目

工程量清单项目设置及工程量计算规则,应按表 6.9 的规定执行。

表 6.9　零星装饰项目(编码:020109)

项目编码	项目名称	项目特征	计量单位	工程量计算规则	工程内容
020109001	石材零星项目	1.工程部位 2.找平层厚度、砂浆配合比 3.贴结合层厚度、材料种类 4.面层材料品种、规格、品牌、颜色 5.勾缝材料种类 6.防护材料种类 7.酸洗、打蜡要求	m²	按设计图示尺寸以面积计算	1.基层清理 2.抹找平层 3.面层铺贴 4.勾缝 5.刷防护材料 6.酸洗、打蜡 7.材料运输
020109002	碎拼石材零星项目				
020109003	块数零星项目				
020109004	水泥砂浆零星项目	1.工程部位 2.找平层厚度、砂浆配合比 3.面层厚度、砂浆厚度			1.基层清理 2.抹找平层 3.抹面层 4.材料运输

10. 其他相关问题

(1)楼梯、阳台、走廊、回廊及其他的装饰性扶手、栏杆、栏板,应按 7.中项目编码列项。

(2)楼梯、台阶侧面装饰,0.5 m² 以内少量分散的楼地面装修,应按 9.中项目编码列项。

【示例 6.3】　如图 6.3 所示,某建筑入口地面做法为:清理基层,刷素水泥浆,1:3 水泥砂浆,水泥沙浆粘贴 500 mm×500 mm 大理石地面及大理石台阶,编制其工程量清单。

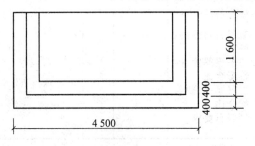

图 6.3　某建筑大理石台阶(单位:mm)

第6章 装饰装修工程工程量计算规则

【解】
1. 清单工程量计算规则(见表6.2、6.8)
2. 分部分项工程量清单与计价表

(1)清单工程量计算。

根据"装饰装修工程工程量清单项目及计算规则"表6.2块料面层,石材楼地面清单工程量/m²:(1.6-0.4)×(4.5-0.4×6)=2.52

根据"装饰装修工程工程量清单项目及计算规则"表6.8台阶装饰石材台阶面清单工程量/m²:(1.6+0.4×2)×4.5-2.52=10.80-2.52=8.28

(2)消耗量定额工程量及费用计算。

①该项目发生的工程内容:楼地面大理石板铺贴;大理石台阶。

②依据消耗量定额计算规则,计算工程量。

楼地面大理石板铺贴/m²:(1.6-0.4)×(4.5-0.4×6)=2.52

石材台阶面/m²:(1.6+0.4×2)×4.5-2.52=10.80-2.52=8.28

③计算清单项目每计量单位应包含的各项工程内容的工程数量。

楼地面大理石板铺贴:2.52÷2.52=1

大理石台阶:8.28÷8.28=1

④参考《全国统一建筑装饰装修工程消耗量定额》套用定额,并计算清单项目每计量单位所含各项工程内容人工、材料、机械价款。

(3)分部分项工程量清单与计价表。

表6.10 分部分项工程量清单与计价表

工程名称:××工程

序号	项目编号	项目名称	项目特征描述	计量单位	数量	金额/元 综合单价	合价
1	020102001001	石材楼地面	1.面层材料品种、规格:600 mm×600 mm大理石板 2.结合层材料种类:水泥砂浆1:3	m²	2.52	247.45	712.66
2	020108001001	石材台阶面	1.面层材料品种、规格:大理石板 2.结合层材料种类:水泥砂浆1:3	m²	8.28	294.43	1 748.91
			本页小计				2 461.57
			合计				2 461.57

3. **工程量清单综合单价分析表**

根据企业情况确定管理费率170%,利润率110%,计费基础为人工费。

表6.11 工程量清单综合单价分析表

工程名称：××工程

项目编号	020102001001	项目名称	石材楼地面	计量单位	m²

清单综合单价组成明细									
定额编号	工程内容	单位	数量	单价/(元·m⁻²)			合价/(元·m⁻²)			
				人工费	材料费	机械费	人工费	材料费	机械费	管理费和利润
1—001	大理石楼地面	m²	1.000	6.23	223.00	0.78	6.23	223.00	0.78	17.44
人工单价				小计			6.23	223.00	0.78	17.44
25元/工日				未计价材料费						
清单项目综合单价								247.45		

表6.12 工程量清单综合单价分析表

工程名称：××工程

项目编号	020108001001	项目名称	石材台阶面	计量单位	m²

清单综合单价组成明细									
定额编号	工程内容	单位	数量	单价/(元·m⁻²)			合价/(元·m⁻²)			
				人工费	材料费	机械费	人工费	材料费	机械费	管理费和利润
1—032	大理石台阶	m²	1.000	12.78	245.00	0.86	12.78	245.00	0.86	35.79
人工单价				小计			12.78	245.00	0.86	35.79
25元/工日				未计价材料费						
清单项目综合单价								294.43		

6.3 墙、柱面工程

6.3.1 定额说明

(1)本章定额凡注明砂浆种类、配合比、饰面材料及型材的型号规格与设计不同时，可按设计规定调整，但人工、机械消耗量不变。

(2)抹灰砂浆厚度，如设计与定额取定不同时，除定额有注明厚度的项目可以换算外，其他一律不作调整，见表6.13。

表6.13 抹灰砂浆定额厚度取定表

定额编号	项目		砂浆	厚度(mm)
2-001	水刷豆石	砖、混凝土墙面	水泥砂浆 1:3	12
			水泥豆石浆 1:1.25	12
2-002		毛石墙面	水泥砂浆 1:3	18
			水泥豆石浆 1:1.25	12
2-005	水刷白石子	砖、混凝土墙面	水泥砂浆 1:3	12
			水泥豆石浆 1:1.25	10
2-006		毛石墙面	水泥砂浆 1:3	20
			水泥豆石浆 1:1.25	10
2-009	水刷玻璃渣	砖、混凝土墙面	水泥砂浆 1:3	12
			水泥玻璃渣浆 1:1.25	12
2-010		毛石墙面	水泥砂浆 1:3	18
			水泥玻璃渣浆 1:1.25	12
2-013	干粘白石子	砖、混凝土墙面	水泥砂浆 1:3	18
2-014		毛石墙面	水泥砂浆 1:3	30
2-017	干粘玻璃渣	砖、混凝土墙面	水泥砂浆 1:3	18
2-018		毛石墙面	水泥砂浆 1:3	30
2-021	斩假石	砖、混凝土墙面	水泥砂浆 1:3	12
			水泥白石子浆 1:1.5	10
2-022		毛石墙面	水泥砂浆 1:3	18
			水泥白石子浆 1:1.5	10
2-025	墙柱面拉条	砖墙面	混合砂浆 1:0.5:2	14
			混合砂浆 1:0.5:1	10
2-026	墙柱面拉条	混凝土墙面	水泥砂浆 1:3	14
			混合砂浆 1:0.5:1	10
2-027	墙柱面甩毛	砖墙面	混合砂浆 1:1:6	12
			混合砂浆 1:1:4	6
2-028		混凝土墙面	水泥砂浆 1:3	10
			水泥砂浆 1:2.5	6

注:1. 每增减一遍水泥浆或107胶素水泥浆,每平方米增减人工0.01工日,素水泥浆或107胶素水泥浆0.0012 m³。

2. 每增减1 mm厚砂浆,每平方米增减砂浆0.0012 m³。

(3)圆弧形、锯齿形等不规则墙面抹灰,镶贴块料按相应项目人工乘以系数1.15,材料乘以系数1.05。

(4)离缝镶贴面砖定额子目,面砖消耗量分别按缝宽5 mm、10 mm和20 mm考虑,如灰缝不同或灰缝超过20 mm以上者,其块料及灰缝材料(水泥砂浆1:1)用量允许调整,其他不变。

(5)镶贴块料和装饰抹灰的"零星项目"适用于挑檐、天沟、腰线、窗台线、门窗套、压顶、扶手、雨篷周边等。

(6)木龙骨基层是按双向计算的,如设计为单向时,材料、人工用量乘以系数0.55。

(7)定额木材种类除注明者外,均以一、二类木种为准,如采用三、四类木种时,人工及机械乘以系数1.3。

(8)面层、隔墙(间壁)、隔断(护壁)定额内,除注明者外均未包括压条、收边、装饰线(板),如设计要求时,应按第六章相应子目执行。

(9)面层、木基层均未包括刷防火涂料,如设计要求时,应按本章相应子目执行。

(10)玻璃幕墙设计有平开、推拉窗者,仍执行幕墙定额,窗型材、窗五金相应增加,其他不变。

(11)玻璃幕墙中的玻璃按成品玻璃考虑,幕墙中的避雷装置、防火隔离层定额已综合,但幕墙的封边、封顶的费用另行计算。

(12)隔墙(间壁)、隔断(护壁)、幕墙等定额中龙骨间距、规格如与设计不同时,定额用量允许调整。

6.3.2 基础定额工程量计算规则

(1)外墙面装饰抹灰面积,按垂直投影面积计算,扣除门窗洞口和0.3 m²以上的孔洞所占的面积,门窗洞口及孔洞侧壁面积亦不增加。附墙柱侧面抹灰面积并入外墙抹灰面积工程量内。

(2)柱抹灰按结构断面周长乘以高度计算。

(3)女儿墙(包括泛水、挑砖)、阳台栏板(不扣除花格所占孔洞面积)内侧抹灰按垂直投影面积乘以系数1.10,带压顶者乘系数1.30按墙面定额执行。

(4)"零星项目"按设计图示尺寸以展开面积计算。

(5)墙面贴块料面层,按实贴面积计算。

(6)墙面贴块料、饰面高度在300 mm以内者,按踢脚板定额执行。

(7)柱饰面面积按外围饰面尺寸乘以高度计算。

(8)挂贴大理石、花岗岩中其他零星项目的花岗岩、大理石是按成品考虑的,花岗岩、大理石柱墩、柱帽按最大外径周长计算。

(9)除定额已列有柱帽、柱墩的项目外,其他项目的柱帽、柱墩工程量按设计图示尺寸以展开面积计算,并入相应柱面积内,每个柱帽或柱墩另增人工:抹灰0.25工日,块料0.38工日,饰面0.5工日。

(10)隔断按墙的净长乘净高计算,扣除门窗洞口及0.3 m²以上的孔洞所占面积。

(11)全玻隔断的不锈钢边框工程量按边框展开面积计算。

(12)全玻隔断、全玻幕墙如有加强肋者,工程量按其展开面积计算;玻璃幕墙、铝板幕墙以框外围面积计算。

(13)装饰抹灰分格、嵌缝按装饰抹灰面积计算。

【示例6.4】 某砖结构工程如图6.4所示,内墙面抹1:2水泥砂浆打底,1:3石灰砂浆找平层,麻刀石灰浆面层,空20 mm厚。内墙裙采用1:3水泥砂浆打底(19 mm厚),1:2.5水泥砂浆面层(6 mm厚),计算墙面一般抹灰工程量。

【分析】

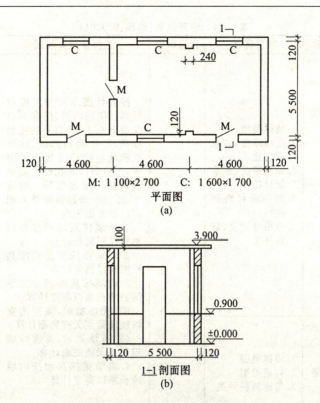

图 6.4 某砖结构工程示意图(单位:mm)

内墙面抹灰工程量=内墙面面积-门窗洞口的空圈所占面积+墙垛、附墙烟囱侧壁面积
(6.1)

内墙裙抹灰工程量=内墙面净长度×内墙裙抹灰高度-门窗洞口和空圈所占面积+
墙垛、附墙烟囱侧壁面积
(6.2)

【解】

内墙面抹灰工程量/m² = [(4.6×3-0.24×2+0.12×2)×2+(5.50-0.24)×4]
×(3.90-0.10-0.90)-1.10×(2.70-0.90)×3
2 -1.60×1.70×4=122.84

内墙裙工程量/m² = [(4.60×3-0.24×2+0.12×2)×2+(5.50-0.24)×4-1.10×3]
×0.90=40.37

6.3.3 工程量清单项目设置及工程量计算规则

1. 墙面抹灰

工程量清单项目设置及工程量计算规则,应按表 6.14 的规定执行。

表 6.14　墙面抹灰(编码:020201)

项目编码	项目名称	项目特征	计量单位	工程量计算规则	工程内容
020201001	墙面一般抹灰	1.墙体类型 2.底层厚度、砂浆配合比 3.面层厚度、砂浆配合比 4.装饰面材料种类 5.分格缝宽度、材料种类	m²	按设计图示尺寸以面积计算。扣除墙裙、门窗洞口及单个0.3 m²以外的孔洞面积,不扣除踢脚线、挂镜线和墙与构件交接处的面积,门窗洞口和孔洞的侧壁及顶面不增加面积。附墙柱、梁、垛、烟囱侧壁并入相应的墙面面积内 　1.外墙抹灰面积按外墙垂直投影面积计算 　2.外墙裙抹灰面积按其长度乘以高度计算 　3.内墙抹灰面积按主墙间的净长乘以高度计算 　(1)无墙裙的,高度按室内楼地面至天棚底面计算 　(2)有墙裙的,高度按墙裙顶至天棚底面计算 　4.内墙裙抹灰面按内墙净长乘以高度计算	1.基层清理 2.砂浆制作、运输 3.底层抹灰 4.抹面层 5.抹装饰面 6.勾分格缝
020201002	墙面装饰抹灰				
020201003	墙面勾缝	1.墙体类型 2.勾缝类型 3.勾缝材料种类			1.基层清理 2.砂浆制作、运输 3.勾缝

2. 柱面抹灰

工程量清单项目设置及工程量计算规则,应按表 6.15 的规定执行。

表 6.15　柱面抹灰(编码:020202)

项目编码	项目名称	项目特征	计量单位	工程量计算规则	工程内容
020202001	柱面一般抹灰	1.柱体类型 2.底层厚度、砂浆配合比 3.面层厚度、砂浆配合比 4.装饰面材料种类 5.分格缝宽度、材料种类	m²	按设计图示柱断面周长乘以高度以面积计算	1.基层清理 2.砂浆制作、运输 3.底层抹灰 4.抹面层 5.抹装饰面 6.勾分格缝
020202002	柱面装饰抹灰				
020202003	柱面勾缝	1.墙体类型 2.勾缝类型 3.勾缝材料种类			1.基层清理 2.砂浆制作、运输 3.勾缝

3. 零星抹灰

工程量清单项目设置及工程量计算规则，应按表 6.16 的规定执行。

表 6.16 零星抹灰（编码：020203）

项目编码	项目名称	项目特征	计量单位	工程量计算规则	工程内容
020203001	零星项目一般抹灰	1. 墙体类型 2. 底层厚度、砂浆配合比 3. 面层厚度、砂浆配合比 4. 装饰面材料种类 5. 分格缝宽度、材料种类	m^2	按设计图示尺寸以面积计算	1. 基层清理 2. 砂浆制作、运输 3. 底层抹灰 4. 抹面层 5. 抹装饰面 6. 勾分格缝
020203002	零星项目装饰抹灰				

4. 墙面镶贴块料

工程量清单项目设置及工程量计算规则，应按表 6.17 的规定执行。

表 6.17 墙面镶贴块料（编码：020204）

项目编码	项目名称	项目特征	计量单位	工程量计算规则	工程内容
020204001	石材墙面	1. 墙体类型 2. 底面厚度、砂浆配合比 3. 贴结层厚度、材料种类 4. 挂贴方式 5. 干挂方式（膨胀螺栓、钢龙骨） 6. 面层材料品种、规格、品牌、颜色 7. 缝宽、嵌缝材料种类 8. 防护材料种类 9. 磨光、酸洗、打蜡要求	m^2	按设计图示尺寸以镶贴表面积计算	1. 基层清理 2. 砂浆制作、运输 3. 底层抹灰 4. 结合层铺贴 5. 面层铺贴 6. 面层挂贴 7. 面层干挂 8. 嵌缝 9. 刷防护材料 10. 磨光、酸洗、打蜡
020204002	碎拼石材墙面				
020204003	块料墙面				
020204004	干挂石材钢骨架	1. 骨架种类、规格 2. 油漆品种、刷油遍数	t	按设计图示尺寸以质量计算	1. 骨架制作、运输、安装 2. 骨架油漆

5. 柱面镶贴块料

工程量清单项目设置及工程量计算规则,应按表 6.18 的规定执行。

表 6.18　柱面镶贴块料(编码:020205)

项目编码	项目名称	项目特征	计量单位	工程量计算规则	工程内容
020205001	石材柱面	1. 柱体材料 2. 柱截面类型、尺寸 3. 底层厚度、砂浆配合比 4. 粘结层厚度、材料种类 5. 挂贴方式 6. 干贴方式 7. 面层材料品种、规格、品牌、颜色 8. 缝宽、嵌缝材料种类 9. 防护材料种类 10. 磨光、酸洗、打蜡要求	m²	按设计图示尺寸以镶贴表面积计算	1. 基层清理 2. 砂浆制作、运输 3. 底层抹灰 4. 结合层铺贴 5. 面层铺贴 6. 面层挂贴 7. 面层干挂 8. 嵌缝 9. 刷防护材料 10. 磨光、酸洗、打蜡
020205002	拼碎石材柱面	^	^	^	^
020205003	块料柱面	^	^	^	^
020205004	石材梁面	1. 底层厚度、砂浆配合比 2. 粘结层厚度、材料种类 3. 面层材料品种、规格、品牌、颜色 4. 缝宽、嵌缝材料种类 5. 防护材料种类 6. 磨光、酸洗、打蜡要求	^	^	1. 基层清理 2. 砂浆制作、运输 3. 底层抹灰 4. 结合层铺贴 5. 面层铺贴 6. 面层挂贴 7. 嵌缝 8. 刷防护材料 9. 磨光、酸洗、打蜡
020205005	块料梁面	^	^	^	^

6. 零星镶贴块料

工程量清单项目设置及工程量计算规则,应按表 6.19 的规定执行。

表 6.19　零星镶贴块料(编码:020206)

项目编码	项目名称	项目特征	计量单位	工程量计算规则	工程内容
020206001	石材零星项目	1. 柱、墙体类型 2. 底面厚度、砂浆配合比 3. 粘结层厚度、材料种类 4. 挂贴方式 5. 干挂方式 6. 面层材料品种、规格、品牌、颜色 7. 缝宽、嵌缝材料种类 8. 防护材料种类 9. 磨光、酸洗、打蜡要求	m²	按设计图示尺寸以镶贴表面积计算	1. 基层清理 2. 砂浆制作、运输 3. 底层抹灰 4. 结合层铺贴 5. 面层铺贴 6. 面层挂贴 7. 面层干挂 8. 嵌缝 9. 刷防护材料 10. 磨光、酸洗、打蜡
020206002	拼碎石材零星项目	^	^	^	^
020206003	块料零星项目	^	^	^	^

7. 墙饰面

工程量清单项目设置及工程量计算规则,应按表 6.20 的规定执行。

表 6.20 墙饰面(编码:020207)

项目编码	项目名称	项目特征	计量单位	工程量计算规则	工程内容
020207001	装饰板墙面	1. 墙体类型 2. 底层厚度、砂浆配合比 3. 龙骨材料种类、规格、中距 4. 隔离层材料种类、规格 5. 基层材料种类、规格 6. 面层材料品种、规格、品牌、颜色 7. 压条材料种类、规格 8. 防护材料种类 9. 油漆品种、刷漆遍数	m²	按设计图示墙净长乘以净高以面积计算。扣除门窗洞口及单个 0.3 m² 以上的孔洞所占面积	1. 基层清理 2. 砂浆制作、运输 3. 底层抹灰 4. 龙骨制作、运输、安装 5. 钉隔离层 6. 基层铺钉 7. 面层铺贴 8. 刷防护材料、油漆

8. 柱(梁)饰面

工程量清单项目设置及工程量计算规则,应按表 6.21 的规定执行。

表 6.21 柱(梁)饰面(编码:020208)

项目编码	项目名称	项目特征	计量单位	工程量计算规则	工程内容
020208001	柱(梁)面装饰	1. 柱(梁)体类型 2. 底层厚度、砂浆配合比 3. 龙骨材料种类、规格、中距 4. 隔离层材料种类 5. 基层材料种类、规格 6. 面层材料品种、规格、品牌、颜色 7. 压条材料种类、规格 8. 防护材料种类 9. 油漆品种、刷漆遍数	m²	按设计图示饰面外围尺寸以面积计算。柱帽、柱墩并入相应柱饰面工程量内	1. 基层清理 2. 砂浆制作、运输 3. 底层抹灰 4. 龙骨制作、运输、安装 5. 钉隔离层 6. 基层铺钉 7. 面层铺贴 8. 刷防护材料、油漆

9. 隔断

工程量清单项目设置及工程量计算规则,应按表 6.22 的规定执行。

表 6.22 隔断(编码:020209)

项目编码	项目名称	项目特征	计量单位	工程量计算规则	工程内容
020209001	隔断	1. 骨架、边框材料种类、规格 2. 隔板材料品种、规格、品牌、颜色 3. 嵌缝、塞口材料品种 4. 压条材料种类 5. 防护材料种类 6. 油漆品种、刷漆遍数	m²	按设计图示框外围尺寸以面积计算。扣除单个 0.3 m² 以上的孔洞所占面积;浴厕门的材质与隔断相同时,门的面积并入隔断面积内	1. 骨架及边框制作、运输、安装 2. 隔板制作、运输、安装 3. 嵌缝、塞口 4. 装钉压条 5. 刷防护材料、油漆

10. 幕墙

工程量清单项目设置及工程量计算规则,应按表 6.23 的规定执行。

表 6.23 幕墙(编码:020210)

项目编码	项目名称	项目特征	计量单位	工程量计算规则	工程内容
020210001	带骨架幕墙	1. 骨架材料种类、规格、中距 2. 面层材料品种、规格、品牌、颜色 3. 面层固定方式 4. 嵌缝、塞口材料种类	m²	按设计图示框外围尺寸以面积计算。与幕墙同种材质的窗所占面积不扣除	1. 骨架制作、运输、安装 2. 面层安装 3. 嵌缝、塞口 4. 清洗
020210002	全玻璃幕墙	1. 玻璃品种、规格、品牌、颜色 2. 粘结塞口材料种类 3. 固定方式	m²	按设计图示尺寸以面积计算。带肋全玻幕墙按展开面积计算	1. 幕墙安装 2. 嵌缝、塞口 3. 清洗

11. 其他相关问题

(1)石灰砂浆、水泥砂浆、水泥混合砂浆、聚合物水泥砂浆、麻刀石灰、纸筋石灰、石膏灰等的抹灰应按 1. 中一般抹灰项目编码列项;水刷石、斩假石(剁斧石、剁假石)、干粘石、假面砖等的抹灰应按 1. 中装饰抹灰项目编码列项。

(2)0.5 m² 以内少量分散的抹灰和镶贴块料面层,应按 1. 和 6. 中相关项目编码列项。

【示例6.5】 某工程平面及剖面图如图 6.5a、6.5b 所示,墙面为混凝土墙面,内墙抹水泥砂浆。

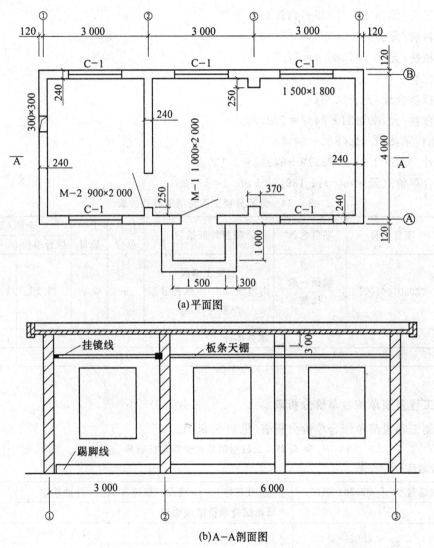

图 6.5 某工程平面及剖面图(单位:mm)

【解】
1.清单工程量计算规则(见表 6.14)
2.分部分项工程量清单与计价表
(1)业主根据施工图计算

内墙抹灰工程量$/m^2 = (6+0.25\times2+4)\times2\times3-1.5\times1.8\times3-1\times2-0.9\times2$
$+(3+4)\times2\times3.0-1.5\times1.8\times2-0.9\times2\times1$
$=85.9$

(2)投标人根据施工图及施工方案计算
①内墙面抹 1:3 水泥砂浆：
人工费/元：$4.80\times85.9=412.32$
材料费/元：$4.10\times85.9=352.19$
机械费/元：$0.44\times85.9=37.80$
②综合：
直接费合计/元：802.31
管理费/元：$802.31\times34\%=272.79$
利润/元：$802.31\times8\%=64.18$
总计/元：$802.31+272.79+64.18=1\,139.28$
综合单价/(元·m^{-2})：$1\,139.28\div85.9=13.26$

表 6.24　分部分项工程量清单与计价表

序号	项目编号	项目名称	项目特征描述	计量单位	工程数量	金额/元	
						综合单价	合计
1	020201001001	墙面一般抹灰	混凝土墙面 内墙面抹 1:3 水泥砂浆 厚度为 6 mm	m^2	85.90	13.26	1 139.28
			本页小计				1 139.28
			合计				1 139.28

3. 工程量清单综合单价分析表

填制工程量清单综合单价分析表(见表 6.25)。

表 6.25　工程量清单综合单价分析表

工程名称：××工程

项目编号	020201001001		项目名称		墙面一般抹灰		计量单位			m^2
清单综合单价组成明细										
定额编号	工程内容	单位	数量	单价/(元·m^{-2})			合价/(元·m^{-2})			
				人工费	材料费	机械费	人工费	材料费	机械费	管理费和利润
3-82	内墙面抹 1:3 水泥砂浆	m^2	1.000	4.80	4.10	0.44	4.80	4.10	0.44	3.92
人工单价				小计			4.80	4.10	0.44	3.92
25 元/工日				未计价材料费						
清单项目综合单价							13.26			

6.4 天棚工程

6.4.1 定额说明

(1)本定额除部分项目为龙骨、基层、面层合并列项外,其余均为顶棚龙骨、基层、面层分别列项编制。

(2)本定额龙骨的种类、间距、规格和基层、面层材料的型号、规格是按常用材料和常用做法考虑的,如设计要求不同时,材料可以调整,但人工、机械不变。

(3)顶棚面层在同一标高者为平面顶棚,顶棚面层不在同一标高者为跌级顶棚(跌级顶棚其面层人工乘系数1.1)。

(4)轻钢龙骨、铝合金龙骨定额中为双层结构(即中、小龙骨紧贴大龙骨底面吊挂),如为单层结构时(大、中龙骨底面在同一水平上),人工乘系数0.85。

(5)本定额中平面顶棚和跌级顶棚指一般直线型顶棚,不包括灯光槽的制作安装。灯光槽制作安装应按本章相应子目执行。艺术造型顶棚项目中包括灯光槽的制作安装。

(6)龙骨架、基层、面层的防火处理,应按本定额相应子目执行。

(7)顶棚检查孔的工料已包括在定额项目内,不另计算。

6.4.2 基础定额工程量计算规则

(1)各种吊顶顶棚龙骨按主墙间净空面积计算,不扣除间壁墙、检查洞、附墙烟囱、柱、垛和管道所占面积。

(2)天棚基层按展开面积计算。

(3)天棚装饰面层,按主墙间实钉(胶)面积以平方米计算,不扣除间壁墙、检查洞、附墙烟囱、垛和管道所占面积,但应扣除 $0.3 m^2$ 以上的孔洞、独立柱、灯槽及与天棚相连的窗帘盒所占的面积。

(4)本章定额中龙骨、基层、面层合并列项的子目,工程量计算规则同第一条。

(5)板式楼梯底面的装饰工程量按水平投影面积乘以系数1.15计算,梁式楼梯底面按展开面积计算。

(6)灯光槽按延长米计算。

(7)保温层按实铺面积计算。

(8)网架按水平投影面积计算。

(9)嵌缝按延长米计算。

【示例6.6】 某酒店包房吊顶图如图6.6所示,试根据计算规则,计算其吊顶面层工程量。

【解】 根据计算规则,天棚面层实际工程量计算如下:

天棚面层工程量$/m^2 = (5.98-0.1-0.15) \times (3.6-0.1 \times 2) = 5.73 \times 3.4 = 19.48$

窗帘盒面积$/m^2 = 0.14 \times 3.4 = 0.48$

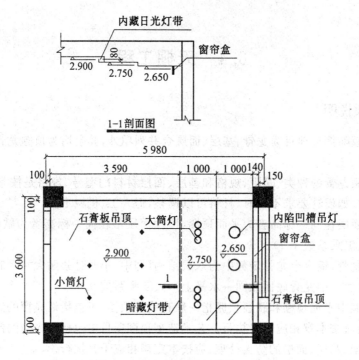

图 6.6 包工房天花图(单位:mm)

展开面积$/m^2$=[(2.75-2.65)+(2.9-2.75)+0.15+0.08]×3.4=1.63

天棚面层实际工程量$/m^2$=19.48-0.48+1.63=20.63

6.4.3 工程量清单项目设置及工程量计算规则

1. 天棚抹灰

工程量清单项目设置及工程量计算规则,应按表 6.26 的规定执行。

表 6.26 天棚抹灰(编码:020301)

项目编码	项目名称	项目特征	计量单位	工程量计算规则	工程内容
020301001	天棚抹灰	1.基层类型 2.抹灰厚度、材料种类 3.装饰线条道数 4.砂浆配合比	m^2	按设计图示尺寸以水平投影面积计算。不扣除间壁墙、梁、柱、附墙烟囱、检查口和管道所占的面积,带梁天棚、梁两侧抹灰面积并入天棚面积内,板式楼梯底面抹灰按斜面积计算,锯齿形楼梯底板抹灰按展开面积计算	1.基层清理 2.底层抹灰 3.抹面层 4.抹装饰线条

2. 天棚吊顶

工程量清单项目设置及工程量计算规则,应按表 6.27 的规定执行。

表 6.27 天棚吊顶(编码:020302)

项目编码	项目名称	项目特征	计量单位	工程量计算规则	工程内容
020302001	天棚吊顶	1. 吊顶形式 2. 龙骨类型、材料种类、规格、中距 3. 基层材料种类、规格 4. 面层材料品种、规格、品牌、颜色 5. 压条材料种类、规格 6. 嵌缝材料种类 7. 防护材料种类 8. 油漆品种、刷漆遍数	m²	按设计图示尺寸以水平投影面积计算。天棚面中的灯槽及跌级、锯齿形、吊挂式、藻井式天棚面积不展开计算。不扣除间壁墙、检查口、附墙烟囱、柱垛和管道所占面积,扣除单个 0.3 m² 以外的孔洞、独立柱及与天棚相连的窗帘盒所占的面积	1. 基层清理 2. 龙骨安装 3. 基层板铺贴 4. 面层铺贴 5. 嵌缝 6. 刷防护材料、油漆
020302002	格栅吊顶	1. 龙骨类型、材料种类、规格、中距 2. 基层材料种类、规格 3. 面层材料品种、规格、品牌、颜色 4. 防护材料种类 5. 油漆品种、刷漆遍数		按设计图示尺寸以水平投影面积计算	1. 基层清理 2. 底层抹灰 3. 安装龙骨 4. 基层板铺贴 5. 面层铺贴 6. 刷防护材料、油漆
020302003	吊筒吊顶	1. 底层厚度、砂浆配合比 2. 吊筒形状、规格、颜色、材料种类 3. 防护材料种类 4. 油漆品种、刷漆遍数			1. 基层清理 2. 底层抹灰 3. 吊筒安装 4. 刷防护材料、油漆
020302004	藤条造型悬挂吊顶	1. 底层厚度、砂浆配合比 2. 骨架材料种类、规格 3. 面层材料品种、规格、颜色 4. 防护层材料种类 5. 油漆品种、刷漆遍数			1. 基层清理 2. 底层抹灰 3. 龙骨安装 4. 铺贴面层 5. 刷防护材料、油漆
020302005	织物软雕吊顶				
020302006	网架(装饰)吊顶	1. 底层厚度、砂浆配合比 2. 面层材料品种、规格、颜色 3. 防护材料品种 4. 油漆品种、刷漆遍数			1. 基层清理 2. 底面抹灰 3. 面层安装 4. 刷防护材料、油漆

3. 天棚其他装饰

工程量清单项目设置及工程量计算规则,应按表 6.28 的规定执行。

表 6.28 天棚其他装饰(编码:020303)

项目编码	项目名称	项目特征	计量单位	工程量计算规则	工程内容
020303001	灯带	1. 灯带型式、尺寸 2. 格栅片材料品种、规格、品牌、颜色 3. 安装固定方式	m²	按设计图示尺寸以框外围面积计算	安装、固定
020303002	送风口、回风口	1. 风口材料品种、规格、品牌、颜色 2. 安装固定方式 3. 防护材料种类	个	按设计图示数量计算	1. 安装、固定 2. 刷防护材料

【示例 6.7】 某办公室吊顶平面图如图 6.7 所示,编制其工程量清单。

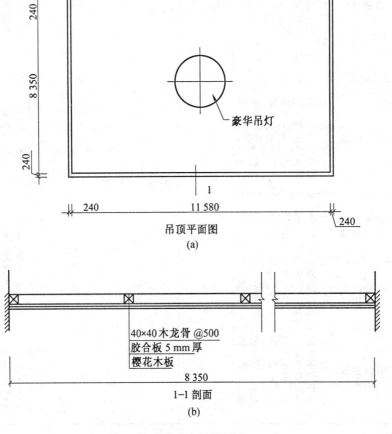

图 6.7 某办公室天棚(单位:mm)

【解】
1.清单工程量计算规则(见表 6.27 和表 6.51)
2.分部分项工程量清单与计价表
(1)清单工程量计算
根据"装饰装修工程工程量清单项目及计算规则"表 6.27 天棚吊顶,清单工程量:
$11.58 \times 8.35 = 96.69$ m^2
(2)消耗量定额工程量及费用计算
①该项目发生的工程内容:制作、安装木楞、混凝土板下的木楞刷防腐油;安装天棚基层、面层;面层清扫、磨砂纸、刮腻子、刷底油、油色、刷清漆两遍;龙骨、基层刷防火涂料两遍。
②依据"消耗量定额"计算规则,计算工程量:
木龙骨/m^2:$8.35 \times 11.58 = 96.69$
胶合板/m^2:$8.35 \times 11.58 = 96.69$
樱桃木板/m^2:$8.35 \times 11.58 = 96.69$
木龙骨刷防火涂料/m^2:$8.35 \times 11.58 = 96.69$
木板面刷防火涂料/m^2:$8.35 \times 11.58 = 96.69$
③计算清单项目每计量单位应包含的各项工程内容的工程数量:
木龙骨/m^2:$96.69 \div 96.69 = 1$
胶合板/m^2:$96.69 \div 96.69 = 1$
樱桃木板/m^2:$96.69 \div 96.69 = 1$
木龙骨刷防火涂料/m^2:$96.69 \div 96.69 = 1$
木板面刷防火涂料/m^2:$96.69 \div 96.69 = 1$
④参考《全国统一建筑装饰装修工程消耗量》,套用定额:
木龙骨:套用定额 3-018
胶合板:套用定额 3-075
樱桃木板:套用定额 060
木龙骨刷防火涂料:套用定额 5-176
木板面刷防火涂料:套用定额 5-158
⑤计算清单项目每计量单位所含各项工程内容人工、材料、机械价款:
木龙骨:
人工费/元:$4.00 \times 1 = 4.00$
材料费/元:$34.16 \times 1 = 34.16$
机械费/元:$0.05 \times 1 = 0.05$
小计/元:$4.00 + 34.16 + 0.05 = 38.21$
胶合板:
人工费/元:$1.78 \times 1 = 1.78$
材料费/元:$19.50 \times 1 = 19.50$
小计/元:$1.78 + 19.50 = 21.28$

樱桃模板：

人工费/元：3.00×1=3.00

材料费/元：34.33×1=34.33

小计/元：3.00+34.33=37.33

油漆：

人工费/元：3.65×1=3.65

材料费/元：2.38×1=2.38

小计/元：3.65+2.38=6.03

木龙骨刷防火涂料：

人工费/元：3.88×1=3.88

材料费/元：5.59×1=5.59

小计/元：3.88+5.59=9.47

木板骨刷防火涂料：

人工费/元：2.24×1=2.24

材料费/元：3.71×1=3.71

小计/元：2.24+3.71=5.95

(3)分部分项工程量清单与计价表

表6.29 分部分项工程量清单与计价表

工程名称：××工程

序号	项目编号	项目名称	项目特征描述	计算单位	数量	金额/元	
						综合单价	合价
1	020302001001	天棚吊顶	1.吊顶形式：平面天棚 2.龙骨材料类型、中距：木龙骨、面层规格450×450 3.基层、面层材料：五合板、樱桃木板	m²	96.69	121.41	11 739.13
2	020504006002	天棚面油漆	油漆、防护：刷清漆两遍、刷防火涂料两遍	m²	96.69	48.81	4 719.44
			本页小计				16 458.57
			合计				16 458.57

3.工程量清单综合单价分析表

根据企业情况确定管理费率170%，利润110%，计费基础为人工费。

第6章 装饰装修工程工程量计算规则

表 6.30　工程量清单综合单价分析表

工程名称：××工程

项目编号	020302001001	项目名称		天棚吊顶	计量单位		m²
清单综合单价组成明细							

定额编号	工程内容	单位	数量	单价/(元·m⁻²)			合价/(元·m⁻²)			
				人工费	材料费	机械费	人工费	材料费	机械费	管理费和利润
3-018	制作、安装木楞、混凝土板下的木楞刷防腐油	m²	1.000	4.00	34.16	0.05	4.00	34.16	0.05	11.20
3-075	安装天棚基层五合板基层	m²	1.000	1.78	19.50	0.00	1.78	19.50	0.00	4.99
3-107	安装面层樱桃板面层	m²	1.000	3.00	34.33	0.00	3.00	34.33	0.00	8.40
人工单价			小计				8.78	87.99	0.05	24.59
25元/工日			未计价材料费				——			
清单项目综合单价								121.41		

表 6.31　工程量清单综合单价分析表

工程名称：××工程

项目编号	020504006002	项目名称		天棚面油漆	计量单位		m²
清单综合单价组成明细							

定额编号	工程内容	单位	数量	单价/(元·m⁻²)			合价/(元·m⁻²)			
				人工费	材料费	机械费	人工费	材料费	机械费	管理费和利润
5-060	面层清扫、磨砂纸、刮腻子、刷底油、油色、刷清漆两遍	m²	1.000	3.65	2.38	0.00	3.65	2.38	0.00	10.23
5-159	木龙骨刷防火涂料两遍	m²	1.000	3.88	5.59	0.00	3.88	5.59	0.00	10.86
5-164	木板面单面刷防火涂料两遍	m²	1.000	2.24	3.71	0.00	2.24	3.71	0.00	6.27
人工单价			小计				9.77	11.68	0.00	27.36
25元/工日			未计价材料费				——			
清单项目综合单价								48.81		

6.5 门窗工程

6.5.1 定额说明

(1)铝合金门窗制作、安装项目不分现场或施工企业附属加工厂制作,均执行本定额。

(2)铝合金地弹门制作型材(框料)按 101.6 mm×44.5 mm、厚 1.5 mm 方管制定,单扇平开门、双扇平开窗按 38 系列制定,推拉窗按 90 系列(厚 1.5 mm)制定。如实际采用的型材断面及厚度与定额取定规格不符者,可按图示尺寸乘以密度加 6% 的施工耗损计算型材重量。

(3)装饰板门扇制作安装按木龙骨、基层、饰面板面层分别计算。

(4)成品门窗安装项目中,门窗附件按包含在成品门窗单价内考虑;铝合金门窗制作、安装项目中未含五金配件,五金配件按本章附表选用。

6.5.2 基础定额工程量计算规则

(1)铝合金门窗、彩板组角门窗、塑钢门窗安装均按洞口面积以平方米计算。纱扇制作安装按扇外围面积计算。

(2)卷闸门安装按其安装高度乘以门的实际宽度以平方米计算。安装高度算至滚筒顶点为准。带卷闸罩的按展开面积增加。电动装置安装以套计算,小门安装以个计算,小门面积不扣除。

(3)防盗门、防盗窗、不锈钢格栅门按框外围面积以平方米计算。

(4)成品防火门以框外围面积计算,防火卷帘门从地(楼)面算至端板顶点乘以设计宽度。

(5)实木门框制作安装以延长米计算。实木门扇制作安装及装饰门扇制作按扇外围面积计算。装饰门扇及成品门扇安装按扇计算。

(6)木门扇皮制隔声面层和装饰板隔声面层,按单面面积计算。

(7)不锈钢板包门框、门窗套、花岗岩门套、门窗筒子板按展开面积计算。门窗贴脸、窗帘盒、窗帘轨按延长米计算。

(8)窗台板按实铺面积计算。

(9)电子感应门及转门按定额尺寸以樘计算。

(10)不锈钢电动伸缩门以樘计算。

【示例 6.8】 如图 6.8 所示,某酒店包房门为实木门扇及门框,试根据计算规则,分别计算其门框与门扇的工程量。

【解】 根据计算规则,工程量计算如下:

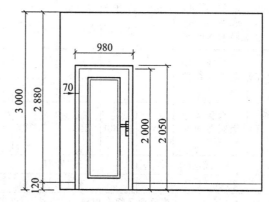

图 6.8 双开防火门立面图(单位:mm)

实木门框制作安装工程量/m＝2.05×2＋(0.98－0.07×2)＝4.94
门扇制作安装工程量/m²＝2.0×(0.98－0.07×2)＝1.68

6.5.3 工程量清单设置及工程量计算规则

1. 木门

工程量清单项目设置及工程量计算规则，应按表6.32的规定执行。

表6.32 木门(编码:020401)

项目编码	项目名称	项目特征	计量单位	工程量计算规则	工程内容
020401001	镶板木门	1.门类型 2.框截面尺寸、单扇面积 3.骨架材料种类 4.面层材料品种、规格、品牌、颜色 5.玻璃品种、厚度、五金材料、品种、规格 6.防护层材料种类 7.油漆品种、刷漆遍数			
020401002	企口木板门				
020401003	实木装饰门				
020401004	胶合板门				
020401005	夹板装饰门	1.门类型 2.框截面尺寸、单扇面积 3.骨架材料种类 4.防火材料种类 5.门纱材料品种、规格 6.面层材料品种、规格、品牌、颜色 7.玻璃品种、厚度、五金材料、品种、规格 8.防护材料种类 9.油漆品种、刷漆遍数	樘/m²	按设计图示数量或设计图示洞口尺寸以面积计算	1.门制作、运输、安装 2.五金、玻璃安装 3.刷防护材料、油漆
020401006	木质防火门				
020401007	木纱门				
020401008	连窗门	1.门窗类型 2.框截面尺寸、单扇面积 3.骨架材料种类 4.面层材料品种、规格、品牌、颜色 5.玻璃品种、厚度、五金材料、品种、规格 6.防护材料种类 7.油漆品种、刷漆遍数			

2. 金属门

工程量清单项目设置及工程量计算规则,应按表 6.33 的规定执行。

表 6.33　金属门(编码:020402)

项目编码	项目名称	项目特征	计量单位	工程量计算规则	工程内容
020402001	金属平开门	1.门类型 2.框材质、外围尺寸 3.扇材质、外围尺寸 4.玻璃品种、厚度、五金材料、品种、规格 5.防护材料种类 6.油漆品种、刷漆遍数	樘/m²	按设计图示数量或设计图示洞口尺寸以面积计算	1.门制作、运输、安装 2.五金、玻璃安装 3.刷防护材料、油漆
020402002	金属推拉门	^	^	^	^
020402003	金属地弹门	^	^	^	^
020402004	彩板门	^	^	^	^
020402005	塑钢门	^	^	^	^
020402006	防盗门	^	^	^	^
020402007	钢质防火门	^	^	^	^

3. 金属卷帘门

工程量清单项目设置及工程量计算规则,应按表 6.34 的规定执行。

表 6.34　金属卷帘门(编码:020403)

项目编码	项目名称	项目特征	计量单位	工程量计算规则	工程内容
020403001	金属卷闸门	1.门材质、框外围尺寸 2.启动装置品种、规格、品牌 3.五金材料、品种、规格 4.刷防护材料种类 5.油漆品种、刷漆遍数	樘/m²	按设计图示数量或设计图示洞口尺寸以面积计算	1.门制作、运输、安装 2.启动装置、五金安装 3.刷防护材料、油漆
020403002	金属格栅门	^	^	^	^
020403003	防火卷帘门	^	^	^	^

4. 其他门

工程量清单项目设置及工程量计算规则,应按表 6.35 的规定执行。

表 6.35 其他门(编码:020404)

项目编码	项目名称	项目特征	计量单位	工程量计算规则	工程内容
020404001	电子感应门	1.门材质、品牌、外围尺寸 2.玻璃品种、厚度、五金材料、品种、规格 3.电子配件品种、规格、品牌 4.防护材料种类 5.油漆品种、刷漆遍数			1.门制作、运输、安装 2.五金、电子配件安装 3.刷防护材料、油漆
020404002	转门				
020404003	电子对讲门				
020404004	电动伸缩门				
020404005	全玻璃门(带扇框)	1.门类型 2.框材质、外围尺寸 3.扇材质、外围尺寸 4.玻璃品种、厚度、五金材料、品种、规格 5.防护材料种类 6.油漆品种、刷漆遍数	m²	按设计图示数量或设计图示洞口尺寸以面积计算	1.门制作、运输、安装 2.五金安装 3.刷防护材料、油漆
020404006	全玻璃自由门(无扇框)				
020404007	半玻璃门(带扇框)				
020404008	镜面不锈钢饰面门				1.门扇骨架及基层制作、运输、安装 2.包面层 3.五金安装 4.刷防护材料

5. 木窗

工程量清单项目设置及工程量计算规则,应按表6.36的规定执行。

表6.36 木窗(编码:020405)

项目编码	项目名称	项目特征	计量单位	工程量计算规则	工程内容
020405001	木质平开窗	1.窗类型 2.框材质、外围尺寸 3.扇材质、外围尺寸 4.玻璃品种、厚度、五金材料、品种、规格 5.防护材料种类 6.油漆品种、刷漆遍数	樘/m²	按设计图示数量或设计图示洞口尺寸以面积计算	1.窗制作、运输、安装 2.五金、玻璃安装 3.刷防护材料、油漆
020405002	木质推拉窗	^	^	^	^
020405003	矩形木百叶窗	^	^	^	^
020405004	异形木百叶窗	^	^	^	^
020405005	木组合窗	^	^	^	^
020405006	木天窗	^	^	^	^
020405007	矩形木固定窗	^	^	^	^
020405008	异形木固定窗	^	^	^	^
020405009	装饰空花木窗	^	^	^	^

6. 金属窗

工程量清单项目设置及工程量计算规则,应按表6.37的规定执行。

表 6.37 金属窗(编码:020406)

项目编码	项目名称	项目特征	计量单位	工程量计算规则	工程内容
020406001	金属推拉窗	1.窗类型 2.框材质、外围尺寸 3.扇材质、外围尺寸 4.玻璃品种、厚度 五金材料、品种、规格 5.防护材料种类 6.油漆品种、刷漆遍数	樘/m²	按设计图示数量或设计图示洞口尺寸以面积计算	1.窗制作、运输、安装 2.五金、玻璃安装 3.刷防护材料、油漆
020406002	金属平开窗				
020406003	金属固定窗				
020406004	金属百叶窗				
020406005	金属组合窗				
020406006	彩板窗				
020406007	塑钢窗				
020406008	金属防盗窗				
020406009	金属格栅窗				
020406010	特殊五金	1.五金名称、用途 2.五金材料、品种、规格	个/套	按设计图示数量计算	1.五金安装 2.刷防护材料、油漆

7. 门窗套

工程量清单项目设置及工程量计算规则,应按表6.38的规定执行。

表6.38 门窗套(编码:020407)

项目编码	项目名称	项目特征	计量单位	工程量计算规则	工程内容
020407001	木门窗套	1. 底层厚度、砂浆配合比 2. 立筋材料种类、规格 3. 基层材料种类 4. 面层材料品种、规格、品牌、颜色 5. 防护材料种类 6. 油漆品种、刷油遍数	m²	按设计图示尺寸以展开面积计算	1. 基层清理 2. 底层抹灰 3. 立筋制作、安装 4. 基层板安装 5. 面层铺贴 6. 刷防护材料、油漆
020407002	金属门窗套				
020407003	石材门窗套				
020407004	门窗木贴脸				
020407005	硬木筒子板				
020407006	饰面夹板筒子板				

8. 窗帘盒、窗帘轨

工程量清单项目设置及工程量计算规则,应按表6.39的规定执行。

表6.39 窗帘盒、窗帘轨(编码:020408)

项目编码	项目名称	项目特征	计量单位	工程量计算规则	工程内容
020408001	木窗帘盒	1. 窗帘盒材质、规格、颜色 2. 窗帘轨材质、规格 3. 防护材料种类 4. 油漆种类、刷漆遍数	m	按设计图示尺寸以长度计算	1. 制作、运输、安装 2. 刷防护材料、油漆
020408002	饰面夹板、塑料窗帘盒				
020408003	金属窗帘盒				
020408004	窗帘轨				

9. 窗台板

工程量清单项目设置及工程量计算规则,应按表6.40的规定执行。

表6.40 窗台板(编码:020409)

项目编码	项目名称	项目特征	计量单位	工程量计算规则	工程内容
020409001	木窗台板	1. 找平层厚度、砂浆配合比 2. 窗台板材质、规格、颜色 3. 防护材料种类 4. 油漆种类、刷漆遍数	m	按设计图示尺寸以长度计算	1. 基层清理 2. 抹找平层 3. 窗台板制作、安装 4. 刷防护材料、油漆
020409002	铝塑窗台板				
020409003	石材窗台板				
020409004	金属窗台板				

10. 其他相关问题

(1)玻璃、百叶面积占其门扇面积一半以内者应为半玻门或半百叶门,超过一半时应为全玻门或全百叶门。

(2)木门五金应包括:折页、插销、风钩、弓背拉手、搭扣、木螺丝、弹簧折页(自动门)、管子拉手(自由门、地弹门)、地弹簧(地弹门)、角铁、门轧头(地弹门、自由门)等。

(3)木窗五金应包括:折页、插销、风钩、木螺丝、滑轮滑轨(推拉窗)等。

(4)铝合金窗五金应包括:卡锁、滑轮、铰拉、执手、拉把、拉手、风撑、角码、牛角制等。

(5)铝合金五金应包括:地弹簧、门锁、拉手、门插、门铰、螺丝等。

(6)其他门五金应包括L型执手插锁(双舌)、球形执手锁(单舌)、门轧头、地锁、防盗门扣、门眼(猫眼)、门碰珠、电子销(磁卡销)、闭门器、装饰拉手等。

【示例6.9】 某工程有两樘卷闸门,如图6.9所示,卷闸门宽为3 500 mm,安装于洞口高2 900 mm的车库门口,提升装置为电动。

【解】
1. 清单工程量计算规则(见表6.34)
2. 分部分项工程量清单与计价表
(1)经业主根据施工图计算:铝合金卷闸门为两樘
(2)投标人根据施工图及施工方案计算
①铝合金卷闸门,工程量/m^2:2.9×3.5×2=20.3
人工费/元:26.53×20.3=538.56
材料费/元:236.91×20.3=4 809.27
机械费/元:10.9×20.3=221.27
②电动装置二套:

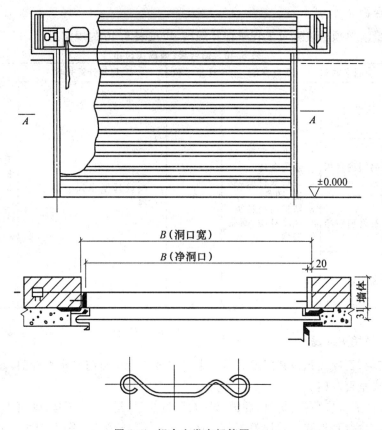

图 6.9 铝合金卷帘门简图

人工费/元:69.51×2=139.02

材料费/元:3216.92×2=6 433.84

机械费/元:100.47×2=200.94

③综合:

直接费用合计/元:12 342.9

管理费/元:12 342.9×34%=4 196.59

利润/元:12 342.9×8%=987.43

总计/元:12 342.9+4 196.59+987.43=17 526.92

综合单价/(元·樘$^{-1}$):17 526.92÷2=8 763.46

表 6.41 分部分项工程量清单与计价表

工程名称:××工程

序号	项目编号	项目名称	项目特征描述	计算单位	数量	金额/元	
						综合单价	合价
1	020403001001	金属卷闸门	铝合金卷闸门 框外围尺寸为 3.5m×2.9 m 起动装置为电动	樘	2	8 763.46	17 526.92
			本页小计				17 526.92
			合计				17 526.92

3. 工程量清单综合单价分析表

填制工程量清单综合单价分析表,见表 6.42。

表 6.42 工程量清单综合单价分析表

工程名称:××工程

项目编号	020403001001			项目名称		金属卷闸门	计量单位		樘
清单综合单价组成明细									
定额编号	工程内容	单位	数量	单价/(元·樘$^{-1}$)			合价/(元·樘$^{-1}$)		
				人工费	材料费	机械费	人工费	材料费	机械费	管理费和利润
6-91	铝合金卷闸门	m²	10.15	26.53	236.91	10.90	269.28	2 404.64	110.64	1 169.51
6-94	电动装置	套	1.000	69.51	3 216.92	100.47	69.51	3 216.92	100.47	1 422.49
人工单价				小计			338.79	5 621.56	211.11	2 592.00
25 元/日				未计价材料费						
清单项目综合单价							8 763.46			

6.6 油漆、涂料、裱糊工程

6.6.1 定额说明

(1)本定额刷涂、刷油采用手工操作;喷塑、喷涂采用机械操作。操作方法不同时,不予调整。

(2)油漆浅、中、深各种颜色,已综合在定额内,颜色不同,不另调整。

(3)本定额在同一平面上的分色及门窗内外分色已综合考虑。如需做美术图案者,另行计算。

(4)定额内规定的喷、涂、刷遍数与要求不同时,可按每增加一遍定额项目进行调整。

(5)喷塑(一塑三油)、底油、装饰漆、面油,其规格划分如下。

①大压花:喷点压平、点面积在 1.2 cm² 以上。

②中压花:喷点压平、点面积在 1~1.2 cm²。

③喷中点、幼点:喷点面积在 1 cm² 以下。

(6)定额中的双层木门窗(单裁口)是指双层框扇。三层二玻一纱窗是指双层框三层扇。

(7)定额中的单层木门刷油是按双面刷油考虑的,如采用单面刷油,其定额含量乘以系数 0.49 计算。

(8)定额中的木扶手油漆为不带托板考虑。

6.6.2 基础定额工程量计算规则

(1)楼地面、天棚、墙、柱、梁面的喷(刷)涂料、抹灰面油漆及裱糊工程,均按表 6.43~6.47 相应的计算规则计算。

(2)木材面的工程量分别按表 6.43~6.47 相应的计算规则计算。

表 6.43 执行木门定额工程量系数表

项 目 名 称	系 数	工 程 量 计 算 方 法
单层木门	1.00	按单面洞口面积计算
双层(一玻一纱)木门	1.36	
双层(单裁口)木门	2.00	
单层全玻门	0.83	
木百叶门	1.25	

注:本表为木材面油漆。

表 6.44 执行木窗定额工程量系数表

项 目 名 称	系 数	工 程 量 计 算 方 法
单层玻璃窗	1.00	按单面洞口面积计算
双层(一玻一纱)木窗	1.36	
双层框扇(单裁口)木窗	2.00	
双层框三层(二玻一纱)木窗	2.60	
单层组合窗	0.83	
双层组合窗	1.13	
木百叶窗	1.50	

注:本表为木材面油漆。

表6.45 执行木扶手定额工程量系数表

项　目　名　称	系　数	工　程　量　计　算　方　法
木扶手(不带托板)	1.00	按延长米计算
木扶手(带托板)	2.60	
窗帘盒	2.04	
封檐板、顺水板	1.74	
挂衣板、黑板框、单独木线条100 mm以外	0.52	
挂镜线、窗帘棍、单独木100 mm以内	0.35	

注:本表为木材面油漆。

表6.46 执行其他木材面定额工程量系数表

项　目　名　称	系　数	工　程　量　计　算　方　法
木板、纤维板、胶合板天棚	1.00	长×宽
木护墙、木墙裙	1.00	
窗帘板、筒子板、盖板、门窗套、踢脚线	1.00	
清水板条天棚、檐口	1.07	
木方格吊顶天棚	1.20	
吸声板墙面、天棚面	0.87	
暖气罩	1.28	
木间壁、木隔断	1.90	单面外圈面积
玻璃间壁露明墙筋	1.65	
木栅栏、木栏杆(带扶手)	1.82	
衣柜、壁柜	1.00	按实刷展开面积
零星木装修	1.10	展开面积
梁柱饰面	1.00	展开面积

表6.47 抹灰面油漆、涂料、裱糊工程量系数表

项　目　名　称	系　数	工　程　量　计　算　方　法
混凝土楼梯底(板式)	1.15	水平投影面积
混凝土楼梯底(梁式)	1.00	展开面积
混凝土花格窗、栏杆花饰	1.82	单面外围面积
楼地面、天棚、墙、柱、梁面	1.00	展开面积

注:本表为抹灰面油漆、涂料、裱糊。

(3)金属构件油漆的工程量按构件重量计算。

(4)定额中的隔断、护壁、柱、天棚木龙骨及木地板中木龙骨带毛地板,刷防火涂料工程量计算规则如下。

①隔墙、护壁木龙骨按面层正立面投影面积计算。

②柱木龙骨按其面层外围面积计算。

③天棚木龙骨按其水平投影面积计算。

④木地板中木龙骨及木龙骨带毛地板按地板面积计算。

⑤隔墙、护壁、柱、天棚面层及木地板刷防火涂料,执行其他木材刷防火涂料子目。

⑥木楼梯(不包括底面)油漆,按水平投影面积乘以2.3系数,执行木地板相应子目。

【示例6.10】 如图6.10所示为双层(一玻一纱)木窗,洞口尺寸为1200 mm×1600 mm,共11樘,设计为刷润油粉一遍,刮腻子,刷调和漆一遍,磁漆两遍,计算木窗油漆工程量。

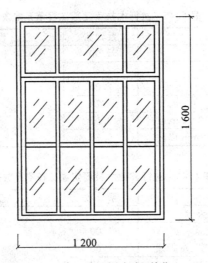

图 6.10 一玻一纱双层木窗(单位:mm)

【解】 木窗油漆工程量/m²:$1.2 \times 1.6 \times 11 \times 1.36 = 28.72$

注:执行木窗油漆定额,按单面洞口面积计算系数为 1.36。

【示例 6.11】 某房屋如图 6.11 所示,外墙刷真石漆墙面,并用胶带分格,计算所需工程量。

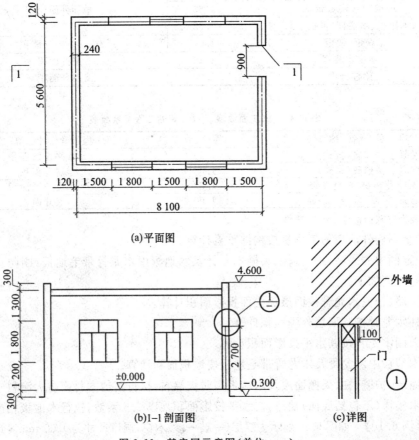

(a)平面图

(b)1—1 剖面图

(c)详图

图 6.11 某房屋示意图(单位:mm)

【解】 外墙面真石漆工程量/m²

$(8.1+0.12\times2+5.6+0.12\times2)\times2\times(4.6+0.3)-1.8\times1.8\times4-0.9\times2.7+0.1\times(1.8\times4\times4+2.7\times2+0.9)=127.08$

注:外墙刷真石漆执行抹灰面油漆、涂料、裱糊定额的规定,按展开面积计算,系数为1.00。

6.6.3 工程量清单设置及工程量计算规则

1. 门油漆

工程量清单项目设置及工程量计算规则,应按表6.48的规定执行。

表6.48 门油漆(编码:020501)

项目编码	项目名称	项目特征	计量单位	工程量计算规则	工程内容
020501001	门油漆	1.门类型 2.腻子种类 3.刮腻子要求 4.防护材料种类 5.油漆品种、刷漆遍数	樘/m²	按设计图示数量或设计图示单面洞口面积计算	1.基层清理 2.刮腻子 3.刷防护材料、油漆

2. 窗油漆

工程量清单项目设置及工程量计算规则,应按表6.49的规定执行。

表6.49 窗油漆(编码:020502)

项目编码	项目名称	项目特征	计量单位	工程量计算规则	工程内容
020502001	窗油漆	1.窗类型 2.腻子种类 3.刮腻子要求 4.防护材料种类 5.油漆品种、刷漆遍数	樘/m²	按设计图示数量或设计图示单面洞口面积计算	1.基层清理 2.刮腻子 3.刷防护材料、油漆

3. 木扶手及其他板条线条油漆

工程量清单项目设置及工程量计算规则,应按表 6.50 的规定执行。

表 6.50 木扶手及其他板条线条油漆(编码:020503)

项目编码	项目名称	项目特征	计量单位	工程量计算规则	工程内容
020503001	木扶手油漆	1.腻子种类 2.刮腻子要求 3.油漆体单位展开面积 4.油漆部位长度 5.防护材料种类 6.油漆品种、刷漆遍数	m	按设计图示尺寸以长度计算	1.基层清理 2.刮腻子 3.刷防护材料、油漆
020503002	窗帘盒油漆				
020503003	封檐板、顺水板油漆				
020503004	挂衣板、黑板框油漆				
020503005	挂镜线、窗帘棍、单独木线油漆				

4. 木材面油漆

工程量清单项目设置及工程量计算规则,应按表 6.51 的规定执行。

表 6.51 木材面油漆(编码:020504)

项目编码	项目名称	项目特征	计量单位	工程量计算规则	工程内容
020504001	木板、纤维板、胶合板油漆	1.腻子种类 2.刮腻子要求 3.防护材料种类 4.油漆品种、刷漆遍数	m²	按设计图示尺寸以面积计算	1.基层清理 2.刮腻子 3.刷防护材料、油漆
020504002	木护墙、木墙裙油漆				
020504003	窗台板、筒子板、盖板、门窗套、踢脚线油漆				
020504004	清水板条天棚、檐口油漆				
020504005	木方格吊顶、天棚油漆				
020504006	吸音板墙面、天棚面油漆				
020504007	暖气罩油漆				
020504008	木间壁、木隔断油漆			按设计图示尺寸以单面外围面积计算	
020504009	玻璃间壁露明墙筋油漆				
020504010	木栅栏、木栏杆(带扶手)油漆				
020504011	衣柜、壁柜油漆			按设计图示尺寸以油漆部分展开面积计算	
020504012	梁柱饰面油漆				
020504013	零星木装修油漆				
020504014	木地板油漆			按设计图示尺寸以面积计算。空洞、空圈、暖气包槽、壁龛的开口部分并入相应的工程量内	
020504015	木地板烫硬蜡面	1.硬蜡品种 2.面层处理要求			1.基层清理 2.烫蜡

5. 金属面油漆

工程量清单项目设置及工程量计算规则,应按表6.52的规定执行。

表6.52　金属面油漆(编码:020505)

项目编码	项目名称	项目特征	计量单位	工程量计算规则	工程内容
020505001	金属面油漆	1.腻子种类 2.刮腻子要求 3.防护材料种类 4.油漆品种、刷漆遍数	t	按设计图示尺寸以质量计算	1.基层清理 2.刮腻子 3.刷防护材料、油漆

6. 抹灰面油漆

工程量清单项目设置及工程量计算规则,应按表6.53的规定执行。

表6.53　抹灰面油漆(编码:020506)

项目编码	项目名称	项目特征	计量单位	工程量计算规则	工程内容
020506001	抹灰面油漆	1.基层类型 2.线条宽度、道数 3.腻子种类 4.刮腻子要求 5.防护材料种类 6.油漆品种、刷漆遍数	m²	按设计图示尺寸以面积计算	1.基层清理 2.刮腻子 3.刷防护材料、油漆
020506002	抹灰线条油漆		m	按设计图示尺寸以长度计算	

7. 喷塑、涂料

工程量清单项目设置及工程量计算规则,应按表6.54的规定执行。

表6.54　喷塑、涂料(编码:020507)

项目编码	项目名称	项目特征	计量单位	工程量计算规则	工程内容
020507001	刷、喷涂料	1.基层类型 2.腻子种类 3.刮腻子要求 4.涂料品种、刷喷遍数	m²	按设计图示尺寸以面积计算	1.基层清理 2.刮腻子 3.刷、喷涂料

8. 花饰、线条刷涂料

工程量清单项目设置及工程量计算规则,应按表 6.55 的规定执行。

表 6.55　花饰、线条刷涂料(编码:020508)

项目编码	项目名称	项目特征	计量单位	工程量计算规则	工程内容
020508001	空花格、栏杆刷涂料	1. 腻子种类 2. 线条宽度 3. 刮腻子要求 4. 涂料品种、刷喷遍数	m²	按设计图示尺寸以单面外围面积计算	1. 基层清理 2. 刮腻子 3. 刷、喷涂料
020508002	线条刷涂料		m	按设计图示尺寸以长度计算	

9. 裱糊

工程量清单项目设置及工程量计算规则,应按表 6.56 的规定执行。

表 6.56　裱糊(编码:020509)

项目编码	项目名称	项目特征	计量单位	工程量计算规则	工程内容
020509001	墙纸裱糊	1. 基层类型 2. 裱糊构件部位 3. 腻子种类 4. 刮腻子要求 5. 粘结材料种类 6. 防护材料种类 7. 面层材料品种、规格、品牌、颜色	m²	按设计图示尺寸以面积计算	1. 基层清理 2. 刮腻子 3. 面层铺贴 4. 刷防护材料
020509002	织锦缎裱糊				

10. 其他相关问题

(1)门油漆应区分单层木门、双层(一玻一纱)木门、双层(单裁口)木门、全玻自由门、半玻自由门、装饰门及有框门或无框门等,分别编码列项。

(2)窗油漆应区分单层玻璃窗、双层(一玻一纱)木窗、双层框扇(单裁口)木窗、双层框三层(二玻一纱)木窗、单层组合窗、木百叶窗、木推拉窗等,分别编码列项。

(3)木扶手应区分带托板与不带托板,分别编码列项。

6.7 其他工程

6.7.1 定额说明

(1)本章定额项目在实际施工中使用的材料品种、规格与定额取定不同时,可以换算,但人工、材料不变。

(2)本章定额中铁件已包括刷防锈漆一遍,如设计需涂刷油漆、防火涂料按本章油漆、涂料、裱糊工程相应子目执行。

(3)招牌基层。

①平面招牌是指安装在门前的墙面上;箱式招牌、竖式招牌是指六面体固定在墙面上;沿雨篷、檐口、阳台走向立式招牌,按平面招牌复杂项目执行。

②一般招牌和矩形招牌是指正立面平整无凸面;复杂招牌和异形招牌是指正立面有凹凸造型。

③招牌的灯饰均不包括在定额内。

(4)美术字安装。

①美术字均以成品安装固定为准。

②美术字不分字体均执行本定额。

(5)装饰线条。

①木装饰线、石膏装饰线均以成品安装为准。

②石材装饰线条均以成品安装为准。石材装饰线条磨边、磨圆角均包括在成品的单价中,不再另计。

(6)石材磨边、磨斜边、磨半圆边及台面开孔子目均为现场磨制。

(7)装饰线条以墙面上直线安装为准,如天棚安装直线型、圆弧形或其他图案者,按以下规定计算。

①天棚面安装直线装饰线条,人工乘以系数1.34。

②天棚面安装圆弧装饰线条,人工乘以系数1.6,材料乘以系数1.1。

③墙面安装圆弧装饰线条,人工乘以系数1.2,材料乘以系数1.1。

④装饰线条做艺术图案者,人工乘以系数1.8,材料乘以系数1.1。

(8)暖气罩挂板式是指钩挂在暖气片上;平墙式是指凹入墙内,明式是指凸出墙面;半凹半凸式按明式定额子目执行。

(9)货架、柜类定额中未考虑面板拼花及饰面板上贴其他材料的花饰、造型艺术品。

6.7.2 基础定额工程量计算规则

(1)招牌、灯箱。

①平面招牌基层按正立面面积计算,复杂性的凹凸造型部分亦不增减。

②沿雨篷、檐口或阳台走向的立式招牌基层,按平面招牌复杂项目执行时,应按展开面积计算。

③箱体招牌和竖式标箱的基层,按外围体积计算。突出箱外的灯饰、店徽及其他艺术装潢等均另行计算。

④灯箱的面层按展开面积以平方米计算。

⑤广告牌钢骨架以吨计算。

(2)美术字安装按字的最大外围矩形面积以个计算。

(3)压条、装饰线条均按延长米计算。

(4)暖气罩(包括脚的高度在内)按边框外围尺寸垂直投影面积计算。

(5)镜面玻璃安装、盥洗室木镜箱以正立面面积计算。

(6)塑料镜箱、毛巾环、肥皂盒、金属帘子杆、浴缸拉手、毛巾杆安装以只或副计算。不锈钢旗杆以延长米计算。大理石洗漱台以台面投影面积计算(不扣除空洞面积)。

(7)货架、柜橱类均以正立面的高(包括脚的高度在内)乘以宽以平方米计算。

(8)收银台、试衣间等以个计算,其他以延长米为单位计算。

(9)拆除工程量按拆除面积或长度计算,执行相应子目。

【示例 6.12】 如图 6.12 所示,(1)求镜面不锈钢装饰线工程量。(2)求石材装饰线工程量。

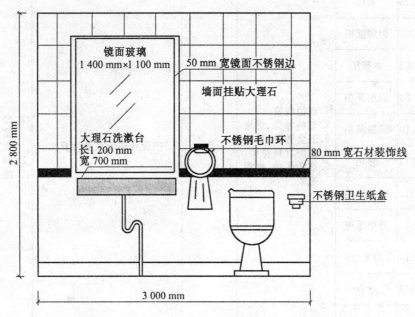

图 6.12 卫生间示意图

【解】

(1)镜面不锈钢装饰线工程量/m:
$$2\times(1.1+2\times 0.05+1.4)=5.2$$

(2)石材装饰线工程量/m:
$$3-(1.1+0.05\times 2)=1.8$$

6.7.3 工程量清单设置及工程量计算规则

1. 柜类、货架

工程量清单项目设置及工程量计算规则,应按表 6.57 的规定执行。

表 6.57 柜类、货架(编码:020601)

项目编码	项目名称	项目特征	计量单位	工程量计算规则	工程内容
020601001	柜台	1. 台柜规格 2. 材料种类、规格 3. 五金种类、规格 4. 防护材料种类 5. 油漆品种、刷漆遍数	个	按设计图示数量计算	1. 台柜制作、运输、安装(安放) 2. 刷防护材料、油漆
020601002	酒柜				
020601003	衣柜				
020601004	存包柜				
020601005	鞋柜				
020601006	书柜				
020601007	厨房壁柜				
020601008	木壁柜				
020601009	厨房低柜				
020601010	厨房吊柜				
020601011	矮柜				
020601012	吧台背柜				
020601013	酒吧吊柜				
020601014	酒吧台				
020601015	展台				
020601016	收银台				
020601017	试衣间				
020601018	货架				
020601019	书架				
020601020	服务台				

2. 暖气罩

工程量清单项目设置及工程量计算规则,应按表 6.58 的规定执行。

表 6.58 暖气罩(编码:020602)

项目编码	项目名称	项目特征	计量单位	工程量计算规则	工程内容
020602001	饰面板暖气罩	1. 暖气罩材质 2. 单个罩垂直投影面积 3. 防护材料种类 4. 油漆品种、刷漆遍数	m²	按设计图示尺寸以垂直投影面积(不展开)计算	1. 暖气罩制作、运输、安装 2. 刷防护材料、油漆
020602002	塑料板暖气罩				
020602003	金属暖气罩				

3. 浴厕配件

工程量清单项目设置及工程量计算规则,应按表 6.59 的规定执行。

表 6.59 浴厕配件(编码:020603)

项目编码	项目名称	项目特征	计量单位	工程量计算规则	工程内容
020603001	洗漱台	1. 材料品种、规格、品牌、颜色 2. 支架、配件品种、规格、品牌 3. 油漆品种、刷漆遍数	m²	按设计图示尺寸以台面外接矩形面积计算。不扣除孔洞、挖弯、削角所占面积,挡板、吊沿板面积并入台面面积内	1. 台面及支架制作、运输、安装 2. 杆、环、盒、配件安装 3. 刷油漆
020603002	晒衣架		根(套)	按设计图示数量计算	
020603003	帘子杆				
020603004	浴缸拉手				
020603005	毛巾杆(架)				
020603006	毛巾环		副		
020603007	卫生纸盒		个		
020603008	肥皂盒				
020603009	镜面玻璃	1. 镜面玻璃品种、规格 2. 框材质、断面尺寸 3. 基层材料种类 4. 防护材料种类 5. 油漆品种、刷漆遍数	m²	按设计图示尺寸以边框外围面积计算	1. 基层安装 2. 玻璃及框制作、运输、安装 3. 刷防护材料、油漆
020603010	镜箱	1. 箱材质、规格 2. 玻璃品种、规格 3. 基层材料种类 4. 防护材料种类 5. 油漆品种、刷漆遍数	个	按设计图示数量计算	1. 基层安装 2. 箱体制作、运输、安装 3. 玻璃安装 4. 刷防护材料、油漆

4. 压条、装饰线

工程量清单项目设置及工程量计算规则,应按表 6.60 的规定执行。

表 6.60　压条、装饰线(编码:020604)

项目编码	项目名称	项目特征	计量单位	工程量计算规则	工程内容
020604001	金属装饰线	1.基层类型 2.线条材料品种、规格、颜色 3.防护材料种类 4.油漆品种、刷漆遍数	m	按设计图示尺寸以长度计算	1.线条制作、安装 2.刷防护材料、油漆
020604002	木质装饰线	^	^	^	^
020604003	石材装饰线	^	^	^	^
020604004	石膏装饰线	^	^	^	^
020604005	镜面玻璃线	^	^	^	^
020604006	铝塑装饰线	^	^	^	^
020604007	塑料装饰线	^	^	^	^

5. 雨篷、旗杆

工程量清单项目设置及工程量计算规则,应按表 6.61 的规定执行。

表 6.61　雨篷、旗杆(编码:020605)

项目编码	项目名称	项目特征	计量单位	工程量计算规则	工程内容
020605001	雨篷吊挂饰面	1.基层类型 2.龙骨材料种类、规格、中距 3.面层材料品种、规格、品牌 4.吊顶(天棚)材料、品种、规格、品牌 5.嵌缝材料种类 6.防护材料种类 7.油漆品种、刷漆遍数	m²	按设计图示尺寸以水平投影面积计算	1.底层抹灰 2.龙骨基层安装 3.面层安装 4.刷防护材料、油漆
020605002	金属旗杆	1.旗杆材料、种类、规格 2.旗杆高度 3.基础材料种类 4.基座材料种类 5.基底面层材料、种类、规格	根	按设计图示数量计算	1.土(石)方挖掘 2.基础混凝土浇注 3.旗杆制作、安装 4.旗杆台座制作、饰面

6. 招牌、灯箱

工程量清单项目设置及工程量计算规则,应按表 6.62 的规定执行。

表 6.62 招牌、灯箱(编码:020606)

项目编码	项目名称	项目特征	计量单位	工程量计算规则	工程内容
020606001	平面、箱式招牌	1. 箱体规格 2. 基层材料种类 3. 面层材料种类 4. 防护材料种类 5. 油漆品种、刷漆遍数	m^2	按设计图示尺寸以正立面边框外围面积计算。复杂形的凸凹造型部分不增加面积	1. 基层安装 2. 箱体及支架制作、运输、安装 3. 面层制作、安装 4. 刷防护材料、油漆
020606002	竖式标箱		个	按设计图示数量计算	
020606003	灯箱				

7. 美术字

工程量清单项目设置及工程量计算规则,应按表 6.63 的规定执行。

表 6.63 美术字(编码:020607)

项目编码	项目名称	项目特征	计量单位	工程量计算规则	工程内容
020607001	泡沫塑料字	1. 基层类型 2. 镌字材料品种、颜色 3. 字体规格 4. 固定方式 5. 油漆品种、刷漆遍数	个	按设计图示数量计算	1. 字制作、运输、安装 2. 刷油漆
020607002	有机玻璃字				
020607003	木质字				
020607004	金属字				

【示例 6.13】 展台样式如图 6.13 所示,编制其分部分项工程量清单表。

【解】

1. 清单工程量计算规则(见表 6.57)
2. 分部分项工程量清单与计价表

(1)清单工程量计算

根据"装饰装修工程工程量清单计价办法"表 6.57 柜类、货架,清单工程数量:1 个。

(2)消耗量定额工程量及费用计算

①该项目发生的工程内容:展台制作。

②依据消耗量定额计算规则,计算工程量为 2 m。

③计算清单项目每计量单位应包含的各项工程内容的工程数量:展台制作。

$$2 \div 1 = 2$$

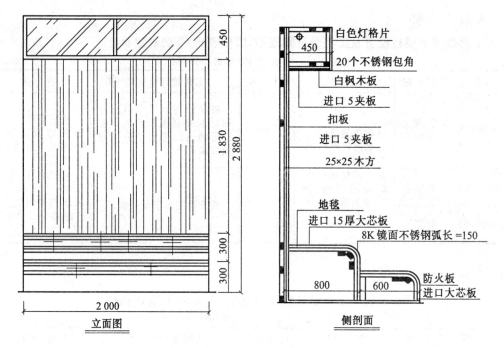

图 6.13 展台示意图(单位:mm)

表 6.64 分部分项工程量清单与计价表

工程名称:××工程

序号	项目编号	项目名称	项目特征描述	计算单位	工程数量	金额/元	
						综合单价	合计
1	020601 015001	展台	1. 台柜规格: 2 000 mm × 2 880 mm ×1 000 mm 2. 材料种类、规格: 白枫木贴面板、防火板	个	1	1 251.90	1 251.90
			本页小计				1 251.90
			合计				1 251.90

3. 工程量清单综合单价分析表

填制工程量清单综合单价分析表,见表 6.65。

根据企业情况确定管理费率 170%,利润 110%,计费基础为人工费。

表 6.65 工程量清单综合单价分析表

工程名称：××工程

项目编号	020601015001		项目名称		展台		计量单位	个
清单综合单价组成明细									
定额编号	工程内容	单位	数量	单价/(元·个$^{-1}$)			合价/(元·个$^{-1}$)			
				人工费	材料费	机械费	人工费	材料费	机械费	管理费和利润
6—129	展台	m	2.000	75.25	325.00	15.00	150.50	650.00	30.00	421.40
人工单价			小计				150.50	650.00	30.00	421.40
25元/工日			未计价材料费						
清单项目综合单价								1 251.90		

第7章 装饰装修工程造价的其他工作

7.1 装饰装修工程招投标

7.1.1 招投标制度

1. 招标投标范围

凡是新建、扩建工程和对原有房屋等建筑物进行装饰装修的工程,均应实行招标与投标。这里所称建筑装饰装修是指建筑物、构筑物内、外空间为达到一定的环境质量要求,使用装饰材料,对建筑物、构筑物的外部和内部进行装饰处理的工程建设活动。

2. 招标投标阶段

一般建筑装饰工程的招标投标分为装饰装修方案招标投标和装饰装修招标投标两个阶段;简易和小型装修工程可根据招标人的需要,直接进行装饰装修施工招标和投标。

3. 招标方式

常用的招标方式有以下两种。

(1)公开招标 是指招标单位通过海报、报刊、广播、电视等手段,在一定的范围内,公开发布招标信息、公告,以招引具备相应条件而又愿意参加的一切投标单位前来投标。

(2)邀请招标 它是非公开招标方式的一种。由招标单位向其所信任的、有承包能力的施工单位(不少于三家),发送招标通知书或招标邀请函件,在一般情况下,被邀请单位均应前往投标或及时复函说明不能参加投标的原因。它比公开招标一般地要节省人力、物力、财力,而且缩短招标工作周期。

4. 招标程序与投标程序

(1)招标程序(见图 7.1)

(2)投标程序(见图 7.2)

5. 标底

(1)标底编制原则 标底是由建设单位或委托招标代理单位编制的,标底用以作为审核投标报价的依据和评标、定标的尺度。

编制标底的原则是:标底价必须控制在有关上级部门批准的总概算或投资包干的限额以内。如有突破,除严格复核外,应先报经原批准单位同意方可实施。另外,一个项目只准确定一个标底。除实行"明标底"招标外,标底一旦确定即应严格保密直至公布。

(2)标底的主要内容 招标标底是建筑安装工程造价的表现形式之一,是招标工程的预期价格,其组成内容主要有:

第7章 装饰装修工程造价的其他工作

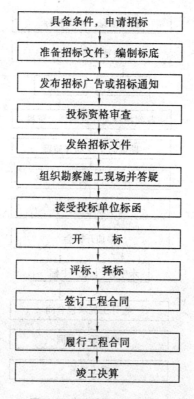

图7.1 招标程序示意图

①标底的综合编制说明。

②标底价格审定书,标底价格计算书,带有价格的工程量清单,现场因素,各种施工措施费的测算明细以及采用固定价格工程的风险系数测算明细等。

③主要材料用量。

④标底附件:如各项交底纪要,各种材料及设备的价格来源,现场的地质、水文,地上情况的有关资料,编制标底价格所依据的施工方案或施工组织设计等。

(3)标底编制的依据

①招标文件的商务条款。

②装饰工程施工图纸、施工说明及设计交底或答疑纪要。

③施工组织设计(或施工方案)及现场情况的有关资料。

④现行装饰装修工程消耗量定额和补充定额,工程量清单计价方法和计量规则,现行取费标准,国家或地方有关价格调整文件规定,装饰工程造价信息等。

(4)标底的计价方法 按照建设部的有关示范文本,标底的编制以工程量清单为依据,我国目前建筑装饰装修工程施工招标标底主要采用工料单价法和综合单价法来编制。

①工料单价法。

工程量清单的单价,按照现行预算定额的人工、材料、机械消耗标准及预算价格确定。其他直接费、间接费、利润、有关文件规定的调价、风险金、税金等费用计入其他相应标底计算表中。这实质上是以施工图预算为基础的标底编制方法。

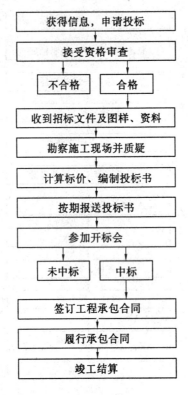

图 7.2 投标程序示意图

②综合单价法。

工程量清单的单价,应包括人工费、材料费、机械费、其他直接费、间接费、有关文件规定的调价、利润、税金以及采用固定价格的风险金等全部费用。综合单价确定后,再与各分部分项工程量相乘汇总,即可得到标底价格。这实质上是在预算单价(工料单价)基础上"并费"形成"完全单价"的标底编制方法。

(5)无标底招标 随着我国加入 WTO,建筑市场正逐步和国际惯例接轨,在招标投标过程中将逐步取消标底的强制性,提倡"无标底招标"。当然针对我国目前建筑市场发育状况,市场主体尚不成熟,彻底取消标底是不合适的。因此,"无标底招标"不是不要标底,应该是给标底赋予新的定义。也就是打破原来设置中标范围的框框,不用它来作为评标的硬性依据,而是作为评标委员会的参考依据。

6.招标文件与投标文件

(1)装饰装修工程招标文件的主要内容 建筑装饰装修方案、施工招标文件包括以下主要内容。

①招标工程综合说明:包括工程项目的批准文件、工程名称、地点、性质(新建、扩建、改建)、规模、总投资、有关工程建设的设计图纸资料、土建安装施工单位及形象进度要求。

②建筑装饰装修方案招标的范围和内容、标准以及装饰装修方案设计时限、投标单位设计资质的要求等。

③设计方案要求:包括总的设计思想要求,功能分区及使用效果要求,对装饰装修格

调、标准、光照、色彩的要求,主要材料、设施使用、投资控制的要求,以及满足温度、噪声、消防安全等方面的标准和要求等。

④对方案设计效果图、平面图和中标后施工图的深度和份数的要求。

⑤投标文件编写要求及评标、定标方法。

⑥投标预备会、现场勘察以及投标、开标、评标的时间和地点。

⑦对方案中标人在施工投标中的优惠及方案设计费,对未中标人的方案设计补偿费标准。

⑧装饰装修施工招标文件应符合建设工程施工招标办法的有关规定和要求。招标文件应当包括招标项目的技术要求,对投标单位资格审查的标准、投标报价要求和评标标准等所有与招标项目相关的实质性要求和条件,包括施工技术、装饰装修标准和工期等。

⑨投标人须知。

⑩工程量清单。

⑪拟定承包合同的主要条款和附加条款。

(2)装饰装修工程投标文件的主要内容

①装饰方案投标文件一般包括以下主要内容。

a. 投标书:应标明投标单位名称、地址、负责人姓名、联系电话以及投标文件的主要内容。

b. 方案设计综合说明:包括设计构思、功能分区、方案特点、装饰装修风格、平面布局、整体效果、设计配备等。

c. 方案设计主要图纸(平、立、剖)及效果图。

d. 选用的主要装饰装修材料的产地、规格、品牌、价格和小样。

e. 施工图的设计周期。

f. 投资估算。

g. 授权委托书、装饰装修设计资质等级证书、设计收费资格证书、营业执照等资格证明材料。

h. 近两年的主要装修业绩和获得的各种荣誉(附复印件)。

②施工投标文件一般包括以下主要内容。

a. 投标书:标明投标价格、工期、自报质量和其他优惠条件。

b. 授权委托书、营业执照、施工企业取费标准证书、资信证书建设行政主管部门核发的施工企业资质等级证书、施工许可证、项目经理资质证书等;境外、省外企业进省招标投标许可证。

c. 预算书,总价汇总表。

d. 投标书辅助资料表。

e. 需要甲方供应的材料用量。

f. 投标人主要加工设备、安装设备和测试设备明细表。

g. 工程使用的主要材料及配件的产地、规格表,并提供小样。

h. 施工组织设计:包括主要工程的施工方法,技术措施,主要机具设备及人员专业构成,质量保证体系及措施、工期进度安排及保证措施、安全生产及文明施工保证措施、施工平面图等。

i.近两年来投标单位和项目经理的工作业绩和获得的各种荣誉（提供证书复印件）。

7. 开标、评标和决标

(1)开标 是在招标人主持下，按照招标文件规定的日期、地点向到会的各投标人和邀请参加的有关人员，当众启封投标书并予宣读，同时宣布标底。开标时邀请当地公证部门的代表到会公证。

(2)评标 是在开标以后，由专门的评标机构对各投标人的报价、工期、施工方案、保证质量措施、社会信誉和优惠条件进行综合评议。它通常以报价、工期、施工质量水平等三项为主要指标，其中报价一项又占重要地位。评议应力求定性与定量分析相结合，公证无私地择优选标。

(3)决标 是根据评标评议的结果，决定中标人，也称定标。一经决标，招标人应即发出中标通知，向落标人退回投标保证金、证书；并将评标、决标的情况报告向有关上级主管部门报送、备案。

7.1.2 装饰工程开标、评标

1. 开标

开标应当在招标文件规定的提交投标文件截止时间的同一时间公开进行，地点应为招标文件中预先确定的地点。若变更开标日期和地点，应提前3天通知投标企业和有关单位。

开标由招标单位的法人代表或其指定的代理人主持。开标时应邀请招标单位的上级主管部门和有关单位参加。国家重点工程、重要工程以及大型工程和中外合资工程应通知建设银行派代表参加。开标的一般程序是：

(1)招标单位工作人员介绍各方到会人员，宣读会议主持人及招标单位法定代表证件或法定代表人委托书。

(2)会议主持人检验投标企业法定代表人或其指定代理人的证件、委托书。

(3)主持人重申招标文件要点，宣布评标办法和评标小组成员名单。

(4)主持人当众检验启封投标书。其中属于无效标书的，须经评标小组半数以上成员确认，并当众宣布。

(5)投标企业法定代表人或其指定的代理人声明对招标文件是否确认。

(6)按标书送标时间或以抽签的方式排列投标企业唱标顺序。

(7)各投标企业代表按顺序唱标。

(8)当众启封公布标底。

(9)招标单位指定专人监唱，作好开标记录（工程开标汇总表），并由各投标企业的法定代表人或其指定的代理人在记录上签字。

2. 评标

(1)评标机构 评标由评标委员会负责。评标委员会由招标人的代表和有关技术、经济等方面的专家组成，成员为5人以上单数，其中，技术、经济等方面的专家不得少于成员总数的 2/3。这些专家应当从事相关领域工作满 8 年,并具有高级职称或具有同等专业水平,由招标人从国务院有关部门或者省、自治区、直辖市人民政府有关部门提供的专家名册或者招标代理机构的专家库内的相关专业的专家名单中确定。一般项目可以采取随机抽取的方式,特殊招标项目可以由招标人直接确定。与投标人有利害关系的人不得进入评标委员会,已经进入的应当更换。

评标委员会的评标工作将受到有关行政监督部门的监督。

(2)评标原则　评标工作应按照严肃认真、公平公正、科学合理、客观全面、竞争优选、严格保密的原则进行,保证所有投标人的合法权益。

招标人应当采取必要的措施,保证评标秘密进行,在宣布授予中标人合同之前,凡属于投标书的审查、澄清、评价和比较及有关授予合同的信息,都不应向投标人或与该过程无关的其他人泄露。

任何单位和个人不得非法干预、影响评标的过程和结果。如果投标人试图对评标过程或评标决定施加影响,则会导致其投标被拒绝;如果投标人以他人名义投标或者以其他方式弄虚作假、骗取中标的,则中标无效并将依法受到惩处;如果招标人与投标人串通投标,损害国家利益、社会公共利益或者他人合法权益,则中标无效并将依法受到惩处。

(3)评标程序与内容　开标之后即进入评标阶段,评标的过程通常要经过投标文件的符合性鉴定、技术评估、商务评估、投标文件澄清、综合评价与比较、编制评标报告等几个步骤。

①投标文件的符合性鉴定:所谓符合性鉴定是检查投标文件是否实质上响应招标文件的要求,实质上响应的含义是投标文件应该与招标文件的所有条款、条件规定相符,无显著差异或保留。符合性鉴定一般包括下列内容:

a.投标文件的有效性。

投标人以及联合体形式投标的所有成员是否已通过资格预审和获得投标资格。

投标文件中是否提交了承包人的法人资格证书及对投标负责人的授权委托证书。如果是联合体,是否提交了合格的联合体协议书,以及对投标负责人的授权委托证书。

投标保证金的格式、内容、金额、有效期、开具单位是否符合招标文件要求。

投标文件是否按要求进行了有效签署等等。

b.投标文件的完整性。投标文件中是否包括招标文件规定应递交的全部文件,如标价的工程量清单、报价汇总表、施工进度计划、施工方案、施工人员和施工机械设备的配备等,以及应该提供的必要的支持文件和资料。

c.与招标文件的一致性。

招标文件中凡是要求投标人填写的空白栏目是否全部填写,并作出明确回答,投标书及其附件是否完全按要求填写。

对于招标文件的任何条款、数据或说明是否有任何修改、保留和附加条件。

通常符合性鉴定是评标的第一步,如果投标文件没有实质上响应招标文件的要求,将被列为不合格投标而予以拒绝,并不允许投标人通过修正或撤消其不符合要求的差异或保留,使之成为响应性投标。

②技术评估:技术评估的目的是确认和比较投标人完成本工程的技术能力,以及他们

的施工方案的可靠性。技术评估的主要内容如下:

a.施工方案的可行性:对各类分部分项工程的施工方法,施工人员和施工机械设备的配备、施工现场的布置和临时设施的安排、施工顺序及其相互衔接等方面的评审,特别是对该项目关键工序的施工方法进行可行性论证,应审查其技术的最难点或先进性和可靠性。

b.施工进度计划的可靠性:审查施工进度计划是否满足对竣工时间的要求,是否科学合理、切实可行,还要审查保证施工进度计划的措施,例如,施工机具、劳务的安排是否合理等。

c.施工质量保证:审查投标文件中提出的质量控制和管理措施,包括质量管理人员、设备、质量检验仪器的配置和质量管理制度。

d.工程材料和机械设备的技术性能符合设计技术要求:审查投标文件中关于主要材料和设备的样本、型号、规格和制造厂家名称、地址等,判断其技术性能是否达到设计标注要求。

e.分包商的技术能力和施工经验:如果投标人拟在中标后将中标项目的部分工作分与其他人完成,应当在投标文件中注明。应审查确定拟分包的工作必须是非主体、非关键的工作;审查分包人应当具备的资格条件,完成相应工作的能力和经验。

f.对于投标文件中按照招标文件规定提交的建议方案作出技术评审:如果招标文件规定可以提交建议方案,则应对投标文件中的建议方案的技术可靠性与优缺点进行评估,并与原招标方案进行对比分析。

③商务评估:商务评估的目的是从工程成本、财务和经验分析等方面评审投标报价的准确性、合理性、经济效益和风险等,比较授标给不同的投标人产生的不同后果。商务评估在整个评标工作中通常占有重要地位。商务评估的主要内容如下:

a.审查全部报价数据计算的正确性:通过对投标报价数据的全面审核,看是否有计算错误或累计上的算术错误。如果有则按"投标人须知"中的规定加以改正和处理。

b.分析报价构成的合理性:通过分析工程报价中直接费用、间接费用、利润和其他费用的比例关系,以及主体工程各专业工程价格的比例关系等,判断报价是否合理。注意审查工程量清单中的单价有无脱离实际的"不平衡报价",工日价格和机械台班报价是否合理。

c.对建议方案的商务评估。

④投标文件澄清:必要时为了有助于投标文件的审查、评价和比较,评标委员会可以约见投标人对其投标文件予以澄清,以口头或书面的形式提出问题,要求投标人回答,随后在规定的时间内,投标人以书面形式正式答复。澄清和确认的问题必须由授权代表正式签字,并声明将其作为投标文件的组成部分,但澄清问题的文件不允许变更投标价格或对原投标文件进行实质性修改。

这种澄清的内容可以要求投标人补充报送某些标价计算的细节资料,对其具有某些特点的施工方案做进一步解释,补充说明其施工能力和经验,或对其提出的建议方案做详细说明等等。

⑤综合评价与比较:综合评价与比较是在以上工作的基础上,根据事先拟定好的评标

原则、评价指标和评标办法,对筛选出来的若干个具有实质性响应的投标文件进行综合评价与比较,最后选定中标人。中标人的投标应当符合下列条件之一。

a. 能最大限度地满足招标文件中规定的各项综合评价标准。

b. 能满足招标文件各项要求,并且经评审的投标价格最低,但投标价格低于成本的除外。

一般设置的评价指标包括:投标报价;施工方案(或施工组织设计)与工期;质量标准与质量管理措施;投标人的业绩、财务状况、信誉等。评标方法可采用打分法或评议法。

打分法是由每一位评委独立地对各份投标文件分别打分,即对每一项指标采用百分制打分,并乘以该项权重,得出该项指标实际得分,将各项指标实际得分相加之和为总得分。最后评标委员会统计打分结果,评出中标者。

评议法不量化评价指标,通过对投标人的投标报价、施工方案、业绩等内容进行定性的分析与比较,选择各项指标都较优良的投标人为中标人,也可以用表决的方式确定中标人;或者选择能够满足招标文件各项要求,并且经过评审的投标价格最低、标价合理者为中标人。

7.1.3 装饰工程投标报价

1. 装饰装修投标报价的依据和编制程序

(1)投标报价的概念　装饰工程投标报价是建筑装饰工程投标工作的重要环节。投标报价是指承包商根据业主招标文件的要求和所提供的装饰工程施工图纸,依据相关概(预)算定额(或单位估价表)和有关费率标准,结合本企业自身的技术和管理水平,向业主提交的投标价格。

投标报价是承包商对工程项目的自主定价,体现了企业的自主定价权。承包商可以根据企业的实际状况和掌握的市场信息,充分利用自身的优势确定出能与其他对手竞争的工程报价。

我国施工工程的投标价格是建筑产品价格的市场成交价格形式。从现行体制看,它属于浮动价格体制。对于同一工程,不同的承包商或同一个承包商在不同的情况下,对工程在工程成本、企业的盈利以及风险进行具体测算后,考虑企业情况并结合市场变化,可以作出不同的报价。

(2)投标报价的依据　报价是进行装饰工程投标的核心,在中标概率中占有举足轻重的地位。业主把承包商的报价作为选择中标者的主要标准,所以要编制出合理的、竞争力强的报价,除必须具备广博的知识、丰富的经验和掌握圈内外大量的有关技术经济资料之外,还必须依据下列条件。

① 招标文件。

招标文件是编制投标报价的主要依据之一,其内容主要包括:装饰工程综合说明、技术质量要求、工期要求、装饰工程及材料的特殊要求、工程价款与结算、附图附表内容、招标有关事项说明及其他有关要求等。

② 装饰工程施工图纸和说明书。

这些资料表明了工程结构、内容、有关尺寸和设备名称、规格、数量等,它们是计算或复核工程量、编制报价的重要依据。

③装饰工程(概)预算定额或单位估价表及新材料、新产品的补充预算价格表

它规定了分项工程的划分和使用定额的方法,还规定了工程量计算规则。

④装饰工程取费规定。

它包括各项取费标准,政府部门下达的其他费用文件。

⑤装饰工程的施工方案及做法。

它规定了工程的施工方法、主要施工技术与组织措施、保证质量与安全的方法等。这些资料对于正确计算工程量、选套有关定额、计取各种费用等将起到重要的作用。

⑥注重相关工程技术经济资料的收集。

平时注意积累企业参加投标的资料和其他企业的相关资料,认真整理、总结经验和教训,发现一些具有普遍指导意义的规律性的东西,为投标报价提供重要的参考依据。

(3)投标报价的编制程序　投标报价的编制程序参照建筑工程招投标的规定和方法进行,比较有代表性的投标报价编制程序如下。

①熟悉、研究招标文件。

招标文件的内容繁多,对招标工程的总体要求有详细说明,因此,承包商应全面了解掌握招标文件的内容,不放过任何一个细节,同时对于招标文件的重点内容或实质性规定应更加关注,对招标的装饰工程要有一个全面了解,以便在编制投标报价时认真执行,避免造成废标或影响中标后的经济效益。

②核对或计算工程量。

工程量是计算标价的重要依据。如果招标文件中已给出了工程量清单,应逐项进行复核或重点抽查复核,防止漏项或计算有误。如果未提供工程量,则应在熟悉图纸的基础上,按照定额顺序逐项计算工程量,以便套用定额或确定单价。

③现场考察,拟订施工方案。

对现场进行考察后,承包商要拟订施工方案,为投标报价提供依据。按照国际惯例,承包商的报价单应是在施工现场考察的基础上提出的,所以做好报价前的现场考察是制定准确报价的重要保障。一旦随投标书提交了报价单,承包商就无权因为施工现场了解不全面、对各因素考虑不周全而提出修改投标报价或提出补偿等要求。

④计算分项工程单价,确定工程直接费用。

按照国家制定的(概)预算定额或企业自行编制收集的有关资料,计算分项工程造价,各分项工程单价乘以相应工程量后累加即得出工程的直接费用。

⑤确定其他费用。

按有关费率规定或企业自行决定,计算工程的间接费、利润、税金、不可预见费及其他实际可能发生的费用。

⑥确定基础标价。

汇总工程直接费、间接费、利润、税金、不可预见费及其他实际可能发生的费用,做出投标报价的基础标价。

⑦调整基础标价后做出投标报价。

承包商在分析企业的实际情况和竞争形势后,对基础标价进行调整和修正后做出报

价决策,最后报出投标价。

投标报价的编制程序框图如图7.3所示。

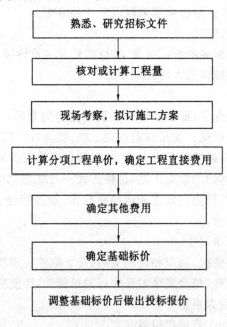

图 7.3　投标报价的编制程序框图

(4)以(概)预算为基础编制投标报价的方法　目前,国内建筑装饰工程以(概)预算为基础编制投标报价的方法如下。

①以施工图预算为基础编制投标报价。

施工图预算是根据施工图纸及说明书,按预算定额逐项计算出工程量后,再套用定额单价或单位估价表。也可由企业自主确定单价来计算工程直接费用,并依此计算其他费用(包括间接费、利润和税金、不可预见费、其他实际可能发生的费用)后,汇总作为投标报价的基础标价。

这种方法计算的工程项目符合施工实际,工料消耗比较详细明确,如无设计和价格上的变化,其基础标价是比较准确可靠的。但是这种计算方法比较繁琐、工作量大、不适应市场经济的要求。

②以概算为基础编制投标报价。

计算方法与前面所介绍的施工图预算相同,只是概算定额是在预算定额的基础上,经过全面测算,将某些次要项目归并在主要项目中,并计算其价格。因此,根据概算定额确定的费用与预算定额所计算的价格无较大出入,一般略有富余,从而可以简化计算工作量。对于上述两种方法计算出的基础标价,承包商要进行调整和修正。

2.投标策略和报价技巧

投标报价的成功与否不仅关系到承包商的中标,而且将直接影响承包商的经济效益。在使投标报价具有竞争力的同时,努力提高工程项目的收益,始终是承包商追求的目标。投标报价涉及面广,与技术、经济、信息及投标策略紧密相关,并包含一定的技巧。

(1) 投标策略分析 在投标报价的实践中,能否在竞争中获胜,除了取决于承包商自身的实力和信誉外,采用合适的投标策略往往是能否中标的关键。

一般来说,承包商在投标报价中可采取以下几种策略。

① 报价准确,尽量接近标底。

一个接近而又略低于标底的投标报价,往往能给业主及评委们留下深刻的第一印象,而远离标底的投标报价是难以选人评标程序的。

② 充分研究业主。

既然能否中标取决于业主,那么就要充分研究业主的意愿。不同的业主对影响报价的各种因素会给予不同的权衡。如果侧重点在工期,就会对承包商的设备、技术实力要求严格,报价的高低就会放在第二位予以考虑,此时承包商就应着重强调自己如何采取有效的技术措施,并明确可以达到的最短工期,价格方面不必优惠;如果业主对工期的要求低于工程造价,承包商的主要精力应放在如何提高技术、加强管理、精心组织施工及在保证质量的前提下降低投标报价。

③ 研究参与投标的竞争对手。

充分了解竞争对手的情况,制定相应的策略,是争取中标成功的重要条件。应该分析竞争对手的优势和不足之处,每个竞争对手中标的可能性,以便决定自己投标报价时所应采取的态度,争取中标的最大可能性。

④ 通过科学施工,加快工程进度取胜。

采用质量保证体系的措施,在编制施工组织设计中,对人、财、物做到优化配置,从提前工期入手,既提高了对业主的吸引力,又为降低施工成本创造了条件。

(2) 选择合适的投标种类 投标策略的选择来自实践经验的积累,来自对客观事实的认识和及时掌握业主、竞争对手及其他有关情况。不仅如此,承包商还应选择合适的投标种类,以期获得最好的投标效果。

承包商可以在实际投标中选择以下几种标投"低标"(即报价可低一点)或投"高标"(即报价可高一些)。

① 盈利标。

盈利标是指能给承包商带来可观利润所投的标。招标工程既是承包商的强项,又是竞争对手的弱项时,承包商可投此标,报价时按"高标"投。

② 保险标。

保险标是指承包商在确信有能力获取一定利润基础上所投的标。通常对可以预见的情况(从技术、装备、资金等重大问题)都有了解决的对策之后可投此标,一般按"低标"报价。

③ 保本标。

保本标是指以获取微利为目的所投的标。一般来说,承包商无后继工程,或已出现部分窝工时投此标。通过投"低标",薄利保本。

④ 风险标。

风险标是指无法确定利润的获取,即可能会给企业带来可观利润,也可能会造成企业明显亏损的情况下所投的标。通常对新材料及特种结构的装饰工程,明知工程承包难度大、风险大,或暂时有技术上未解决的问题,但因承包商的队伍窝工,或想获得更大盈利(难度、风险解决得好),或为了开拓新技术领域,可投此标,一般在投标时按"高标"报价。

⑤亏损标。

亏损标是指明知不但不会给企业带来利润,而且会造成企业成本亏损的情况下所投的标。为了打入新市场或者拓宽市场的占有率,或者要挤跨竞争对手等,往往投此标,一般是"低标"报价。

(3)报价技巧　投标策略一经确定,就要具体反应到报价上,但是报价也有其自身的技巧,两者必须相辅相成。现就一些常用技巧介绍如下:

①不平衡报价法。

不平衡报价法是指在总价基本确定的前提下,提高某些分项工程的单价,同时降低另外一些分项工程的单价。通过对分项工程的单价进行增减调整,以期获得更好的经济效益。其主要目的是:

a. 提高早期施工项目的单价,降低后期施工项目的单价,以利于资金周转。

b. 对工程量可能增加的项目适当提高单价,而对工程量可能减少的项目则适当降低单价。

c. 图纸内容不明确或出现错误,估计修改后工程量要增加的单价可提高,而工作内容说明不明确的单价可降低。

d. 工程量只填单价的项目,其单价要高。

②修改设计、多方案报价法。

经验丰富的承包商往往能发现设计中存在的不合理或可改进之处,或可利用某项新的施工技术降低成本。因此,承包商除了按设计要求提出报价外,还可另外附加修改设计后的方案比较,并说明其利益和可行性。这种方法要求承包商有足够的技术实力和施工经验,能以具体的数据、合理的变更与业主共同优化设计,共同承担风险,以吸引业主的注意力,提高自己的知名度。

③突然降价法。

开始装作对该工程不感兴趣,而后突然提出各项优惠条件或压低报价,迷惑竞争对手,使其造成判断错误,从而增加中标几率。

④扩大标价法。

在工程质量要求高以及影响施工的因素多而复杂的情况下,可增加"不可预见费",以减少风险。

⑤先低后高法。

在报价时,避开工程中一些较难处理的问题,将报价降低,待中标后提出协商,借故加价。

⑥零星用工(计日工)。

零星用工的单价一般稍高于工程单价中的工资单价,因它不属于承包总价的范围,发生时实报实销,可多获利。

确定投标策略、掌握报价技巧是一项全方位、多层位的系统工程,首先要对企业内部和外界的情况进行分析,并通过业主的招标文件、咨询以及社交活动等多种渠道,获得所需要的信息,明确有利条件和不利因素,发挥优势,出奇制胜,争取报出既合理又能中标的价格。

7.2 装饰装修工程承包合同

装饰装修工程承包合同是经济合同中的一种,是发包方与承包方为完成装饰装修工程任务所签订的具有法律效力的经济合同。它旨在明确双方的责任、权利及经济利益的关系。

1. 工程承包合同的作用

(1)明确双方的责任、权利、利益,使合同双方的计划能得到有机的统一,使计划落实有所制约和保证,确保建筑装饰装修工程能按照预控目标顺利实施。

(2)为有关管理部门和签约双方提供监督和检查的依据,能随时掌握施工生产的动态,全面监督检查各项工作的落实情况,及时发现问题和解决问题。

(3)有利于提高施工企业的经营水平和技术水平。

(4)有利于充分调动合同双方的积极性,共同在合同关系的相互制约下,有效地保证项目工程的顺利完成。

2. 工程承包合同的种类

根据取费方式的不同,装饰装修合同可划分为以下几类。

(1)总价不变合同　总价不变合同,是指发包方与承包方按固定不变的工程投标报价进行结算,不因工程量、设备、材料价格、工资等变动而调整合同价格的合同。对承包商来说,有可能获得较高的利润,但是也要承担一定的风险。这种承包方式的优点是装饰装修工程造价一次性包死,简单省事,但是承包商要承担工程量与单价的双重风险,这种方式多用于有把握的工程。

(2)单价合同　单价合同,是指按照实际完成的工程量和承包商的投标单价结算,也就是量可变、单价不变的合同。这种合同形式目前国际上最为普遍。对承包商来说,工程量可以按实际完成的数量进行调整,但是单价不变,仍担风险,可是比总价不变合同的风险相对要少。

(3)成本加酬金合同　成本加酬金合同,是指工程成本实报实销,另加一定额度的酬金(利润)的合同。酬金的额度,按照工程规模和施工难易程度确定,酬金的多少随工程成本的变化而变动。这种成本订酬金的合同,虽然酬金较少,但是承包商可以不担任何风险,保收酬金,比较安全。

(4)统包合同　统包合同,是指承包商从工程的方案选择、总体规划、可行性研究、勘察设计、施工,直至工程竣工、验收合格后,移交发包方使用为止,全部承包。即所谓交钥匙的合同。

3. 工程承包合同的主要条款

根据《中华人民共和国经济合同法》、《建筑安装工程承包合同条例》、《建筑市场管理规定》和《建设工程施工合同管理办法》等法规,装饰装修工程承包合同应具备以下主要条款。

(1)合同标的　合同标的要明确,如建筑装饰装修工程合同中,要明确工程项目、工程范围、工程量、工期和质量等。

(2)数量和质量　合同数量要明确计量单位,如 m、m^2、m^3、kg、t 等,在质量上,要明确所采用的验收标准、质量等级和验收方法等。

(3)价款或酬金　价款或酬金是装饰装修工程承包合同的主要部分之一。合同中要明确货币的名称、支付方式、单价、总价等,特别是国际工程承包合同。

(4)履约的期限、地点和方式　合同履行包括工程开工到竣工交付使用的全过程及工程期限、地点及结算方式等。

(5)违约责任　当合同当事人违反承包合同或不按承包合同规定期限完成时,将受到违约罚款。违约罚款有违约金和赔偿金等。

①违约金。违约金是指合同规定的对违约行为的一种经济制裁方法,违约金一般由合同当事人在法律规定的范围内双方协商确定,如事后发生争议,可由仲裁机构或审判机关依法裁决或判决。

②赔偿金。赔偿金是指由违约方赔偿给对方造成的经济损失,赔偿金的数量根据直接损失计算,也可根据直接损失加由此引起的其他损失一并计算,如双方发生争执,可由仲裁机构或法律机关依法裁决或判决。

4. 合同的签订

工程承包合同分为按招标、投标方式订立的承包合同和按概预算定额、单价订立的承包合同两类。前者按招标文件的要求报价,签订合同;后者由双方协商洽谈,统一意见后签订。

订立承包合同,都要经过洽谈协商阶段,又称"邀约"和"承诺"阶段。开始时,由一方向另一方提出订立合同的想法和要求,拟定订立合同的初步内容(即合同草案)。经过双方二次洽谈,同意对方的意见,达成协议,就由"邀约"达到"承诺"。如果另一方不完全同意对方的意见,则再次洽谈,不视为承诺。而订立一份合同往往要经过几番周折,多次洽谈,即邀约——二次邀约——再次邀约——承诺,直到签字为止。

在订立装饰装修工程承包合同时,应注意以下几个问题。

(1)装饰装修工程承包项目种类多、内容复杂,在签订合同时应根据具体情况,由当事人协商订立各项条款。应注意执行国务院发布的《建设工程勘察设计合同条例》第五条和《建筑安装工程承包合同条例》第六条的有关规定。

(2)签订合同应注意工程项目的合法性。一方面要了解该项目是否已列入年度计划,是否经有关部门批准;另一方面,要注意当事人的真实性,避免那些不具备法人资格、没有施工能力(技术力量)的单位充当施工方。此外,还要看资金、材料、设备是否落实,现场水、电、道路、电话是否通畅,场地是否平整等。

(3)合同必须按照国家颁发的有关定额、取费标准、工期定额、质量验收规范标准执行。双方当事人应该在核定清楚后签约。如果是通过招标、投标方式签订承包合同,双方可以不受国家定额、取费和工期的规定限制,但在标书中必须明确。

(4)签订合同尽量不留活口,免得事后发生争议,影响合同的执行。

5. 工程承包合同的主要内容

装饰装修工程承包合同应当宗旨明确,内容具体完整,文字简练,叙述清楚,含义明确。对于关键词或个别专有名词,应作必要的定义,以免模棱两可,解释不一,责任不明确,而埋下纠纷的种子。合同条款中不应出现含糊不清或各方未完全统一意见的条文,以便于合同执行和检查。

装饰装修工程承包合同的内容,主要有以下15个方面。

(1)简要说明

(2)签订工程施工合同的依据 如上级主管部门批准的有关文件的文号,经批准的建设计划、施工许可证等。

(3)工程的名称和地点 明确工程项目及施工地点,可为调整材料差价和计算相应的费用提供依据。

(4)工程造价 应明确建设项目的总造价。

(5)工程范围和内容 应按施工图列出工程项目内容一览表,表中分别注明工程量、计划投资、开竣工日期、工期及分期交付使用要求等。

(6)施工准备工作分工 应明确建设单位与施工单位双方施工准备工作的分工责任、完成时间等。

(7)承包方式 是包工包料还是包工不包料等,施工期间出现政策性调整的处理方法等。

(8)技术资料供应 应明确建设单位向施工单位供应技术资料的内容、份数、时间及其他有关事项。

(9)物资供应 应明确物资供应的分工、办法、时间、管理以及双方的职责。

(10)工程质量和交工验收 应明确工程质量的要求、检查验收标准和依据,发生工程质量事故的处理原则和方法,保修条件及保修期限等。

(11)工程拨款和结算方式 应明确工程预付款、工程进度款的具体拨付办法,设计变更、材料调价、现场签证等处理方法,延期付款计息方法和工程结算方法等。

(12)奖罚 在合同双方自愿的原则下,商定奖罚条款,如工期提前或拖后的奖罚及奖罚的结算方式、奖罚率(或额度)、支付办法等。

(13)仲裁 应明确合同当事人如发生争执而不能达成一致意见时,由仲裁机构或法律机关进行仲裁或判决等。

(14)合同份数和生效方式 应明确合同正本和副本的份数,并明确何时合同生效。

(15)其他条款 其他需要在合同中明确的权利、义务和责任等条款。

6. 合同的履行

合同一旦签订,即具有法律效力,双方当事人必须严格履行合同全部条款,并承担各自的义务。合同不得因承包人或法人代表的变动而变更或解除。

为了保证合同的顺利进行,双方往往采用担保方式。通常的担保做法是:请担保人、预付担保金(由银行或保险公司出具保金)或以资产抵押等方式。担保人(或单位)以自己的名义或单位保证一方当事人履行合同,若被担保人不履行合同时,担保人要负连带责任。对方将依法没收担保金或变卖其抵押财产,收回违约造成的损失。

合同履行过程中,若因改变建设方案、变更计划、改变投资规模、较大地变更设计图纸等增减工程内容,打乱原施工部署,则应另签补充合同。补充合同是原合同的组成部分。

若因种种原因需解除合同,必须经双方共同协商同意,签订解除合同协议书。协议书未签署前,原合同仍然有效。

合同变更或解除所造成的经济损失,应本着公平合理的原则,由提出变更或解除合同的一方负责,并及时在合同履行中办理经济签证手续,发生争议或纠纷时,合同双方应主动协商,本着实事求是的原则,尽量求得合理解决。如协商不成,任何一方均可向合同约定的仲裁机构申请调解仲裁。若调解无效、仲裁不服,可向经济法院提出诉讼、裁决。

7.3 装饰装修施工预算

1. 施工预算的含义

施工预算是在建筑安装工程施工前,施工单位内部根据施工图纸和施工定额(亦称企业内部定额),在施工图概预算控制范围内所编制的预算。它以单位工程为对象,分析计算所需工程材料的规格、品种、数量;所需不同工种的人工数量;所需各种机械数量及各种机械台班数量;单位工程直接费;并提出各类构配件和外加工项目的具体内容等,以便有计划、有步骤地合理组织施工,从而达到节约人力、物力和财力的目的。

因此编制施工预算是加强企业内部经济核算,提高企业经营管理水平的重要措施。

2. 施工预算的内容

施工预算的内容,是以单位工程为对象进行编制的,它由说明书及预算表格两大部分组成。

(1)说明书部分 说明书部分应简明扼要地叙述以下几方面内容。

①编制的依据(如采用的定额、图纸、施工组织设计等)。

②工程性质、范围及地点。

③对设计图纸和说明书的审查意见及现场勘察的主要资料(如水文、地质情况)。

④施工部署及施工期限。

⑤在施工中采取的主要技术措施,如机械化施工部署,土方调配方法、新技术、新材料,冬、雨季施工措施,安全措施及施工中可能发生的困难及处理方法。

⑥施工中采取的降低成本措施及建议。

⑦工程中尚存在及进一步落实解决的其他问题。

(2)表格部分

①工程量计算汇总表。

工程量计算汇总表是按照施工定额的工程量计算规则计算出的重要基础数据,为了便于生产、调度、计划、统计及分期材料供应,可将工程量按照分层分段、分部位进行汇总,然后进行单位工程汇总。

②施工预算工料分析表。

此表与施工图预算的工料分析编制方法相同,但要注意按照工程量计算汇总表的划分作出分层、分段、分部位的工料分析结果,为施工分期生产计划提供方便条件。

③人工汇总表。

即将工料分析表中的人工按分层、分段、分部位、分工种进行汇总,此表是编制劳动力计划、进行劳动力调配的依据。

④材料汇总表。

即将工料分析表中不同品种、规格的材料按层、段部位进行汇总,此表是编制材料成品、半成品计划的依据。

⑤施工机械汇总表。

将各种施工机械及消耗台班或机械分名称进行汇总。

⑥施工预算表。

将已汇总的人工、材料、机械消耗量,分别乘以所在地区的工资标准、材料单价、机械台班费,计算出直接费(有定额单价时可直接使用定额单价)。

⑦两算对比表(施工图概预算与施工预算)。

它为组织生产开展经济活动分析和实行经济核算提供了科学数据。

3. 施工预算编制程序

施工预算的编制步骤与施工图概预算的编制步骤大体相同,因各地区施工定额有差别,没有统一的编制程序,一般可参照图7.4进行。

4. 施工预算编制方法

施工预算的编制方法有实物法和实物金额法两种。

(1)实物法　是根据图纸和施工组织设计及有关资料,结合施工定额的规定计算工程量,并套用施工定额计算并分析人工、材料、机械的台班数量,用这些数据可向工人队组签发任务书和限额领料单,进行班组核算。并与施工图概预算的人工、材料和机械数量的对比,分析超发或节约的原因,改进和加强企业管理。

(2)实物金额法　实物金额法分为两种计算方法。

①根据实物法计算工、料、机的数量,再分别乘以人工、材料和机械台班单价,求出人工费、材料费和机械使用费,上述三项费用之和即为单位工程直接费。

②在编有施工定额单位估价表的地区,可根据施工定额计算工程量,然后套用施工定额中的单价,逐项累加后即为单位工程直接费。

(3)实物法、实物金额法的编制程序

①熟悉施工图、施工组织设计及现场资料。

熟悉图纸资料的要求,编制施工预算比编制施工图概预算要求更深透、更细致,这是施工预算定额的项目划分较为具体、细致的原因。如砂浆强度等级、玻璃厚度等许多技术细节,在编制施工图概预算时不受影响,而在施工预算中是必须弄清楚的问题。

②熟悉施工预算定额及有关文件规定。

与概预算定额相比,施工预算定额的项目划分既多又细,各分项的工作内容、使用条件、计算规则、计算单位也有许多不同,对于初编或使用新施工预算定额时,都不可忽视这

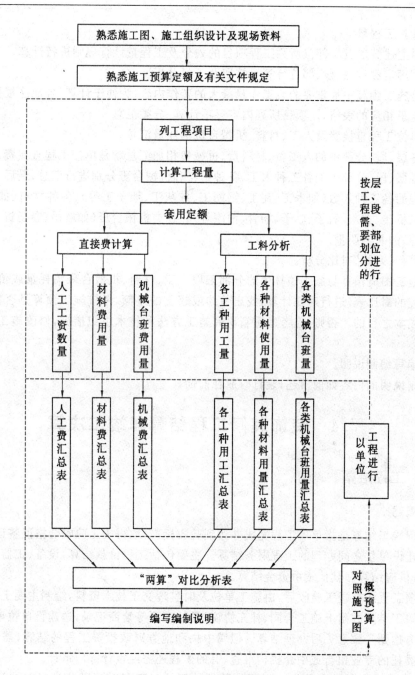

图 7.4 施工预算编制程序

一环节。

③排列工程项目。

为了较好地发挥施工预算指导工程施工的作用,配合签发施工任务单、限额领料单等管理措施的实施,往往按施工程序的分层、段、部位的顺序列工程项目,且兼顾施工预算定额的章节、项目顺序及施工图概预算的项目及顺序。这样一方面可减少漏项,为后面的"两算"对比创造了有利条件,同时也能对施工图概预算起到一定的复核作用。

④计算工程量。

按照上述分层、段、部位所列工程项目的划分及工程量计算规则进行计算。

⑤套用定额按层、段、部位计算直接费及工料分析。

这是施工预算中最重要的且工作量最大的工作内容,为便于计算,各地区根据当地的习惯制定了相应的表格,按项目所列内容逐项计算,分类汇总。

⑥单位工程直接费及人工、材料、机械台班消耗量汇总。

将各层、段、分部中的人工费、材料费、机械费相加汇总就是单位工程直接费。

将各层、段、分部中的各工种人工、各种材料和机械台班分别进行汇总,最后就得出该单位工程的各工种人数(如木工、瓦工、钢筋工、抹灰工、架子工等)、各种材料(如钢筋、水泥、木材、机砖、白灰、石子、砂子、沥青、油漆等)和各类机械台班(如塔吊、卷扬机、搅拌机、打夯机等)的总需要量。

⑦进行"两算"对比分析。

将施工图概预算与施工预算中的分部工程人工、材料、机械台班消耗量或价值,列成一一对应的对比表,进行对比计算,找出节约或超支的差额,考核施工预算是否能达到降低工程成本之目的。否则,应考虑重新研究施工方法和技术组织措施,修改施工方案,防止亏损。

⑧编写编制说明。

编制说明的内容如前所述,装订时放在前面。

7.4 装饰装修工程结算和竣工决算

7.4.1 工程结算

1. 概述

工程竣工结算是指单项工程完成并达到验收标准,取得竣工验收合格证签证后,施工企业与建设单位之间办理的工程财务结算。主要包括工程价款结算,设备、工器具购置结算,劳务供应结算和其他货币资金结算。

单项工程应在竣工验收后,由施工单位及时整理交工技术资料,绘制主要工程竣工图和编制竣工结算并附上施工合同、补充协议、设计变更等洽商记录,送建设单位审查,经承发包双方达到一致意见后办理结算。但属中央和地方财政投资工程的结算,需经财政主管部门委托的专业银行或中介机构审查,有的工程还需经审计部门审计。

(1)工程价款结算的分类　工程价款的结算按时间和对象可分为定期结算、阶段结算、年终结算和竣工后一次结算等,如图 7.5 所示。

(2)工程结算的作用　工程结算的作用有以下几点。

①通过工程结算办理已完工程的价款,确定施工企业的货币收入,补充施工生产过程中的资金消耗。

②工程结算是统计施工企业完成生产计划和建设单位完成建设投资任务的依据。

③竣工结算是施工企业完成该工程项目的总货币收入,是企业内部编制工程决算进

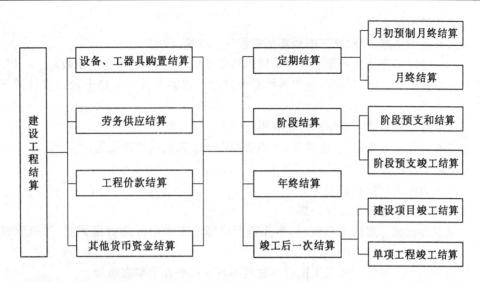

图 7.5 工程结算分类表

行成本核算,确定工程实际成本的重要依据。

④竣工结算是建设单位编制竣工决算的主要依据。

⑤竣工结算的完成,标志着施工企业和建设单位双方所承担的合同义务和经济责任的结束。

2. 工程竣工结算的编制依据、结算方式和编制方法

(1)工程竣工结算编制依据　编制工程竣工结算必需提供如下依据。

①工程竣工报告及工程竣工验收单。

②招投标文件和施工图预算以及经行政主管部门审查的工程施工或安装合同。

③设计变更通知单和施工现场工程变更洽商记录。

④按照有关部门规定及合同中有关条文规定持凭据进行结算的原始凭证。

⑤本地区现行的概(预)算定额预算价格,费用定额及有关文件规定。

⑥其他有关技术资料。

(2)工程竣工结算方式

①决标或议标后的合同价加签证结算方式。

a.合同价:经过建设单位(业主)、招投标主管部门对标底和投标报价进行综合评定后确定的中标价与施工企业,以合同的形式固定下来。

b.变更增减账等:对合同中未包括的条款,在施工过程中发生的历次工程变更所增减的费用,经建设单位(业主)或监理工程师签证后,与原中标合同一起结算。

②施工图预算加签证结算方式。

a.施工图预算:这种结算方式一般是小型工程,其原施工图预算经业主审定后作为工程竣工结算的依据。

b.变更增减账等:凡施工图预算未包括的,在施工过程中发生的历次工程变更所增减的费用,各种材料(构配件)预算价格与指导价(中准价)的差价等,经建设单位(业主)或监理工程师签证后,与审定的施工图预算一起在竣工结算中进行调整。

③预算包干结算方式。

即预算包干结算,也称施工图预算加系数包干结算。

$$结算工程造价=经业主审定后的施工图预算造价×(1/包干系数) \quad (7.1)$$

在签订合同条款时,预算外包干系数要明确包干内容及范围。包干费通常包括下列费用。

a. 在原施工图基础上增加的建筑面积。

b. 工程结构设计变更、标准提高,非施工原因的工艺流程的改变等。

c. 隐蔽工程的基础加固处理。

d. 非人为因素所造成的损失。

④平方米造价包干的结算方式。

它是双方根据一定的工程资料,事先协商好每平方米单方造价指标后,乘以建筑面积。

$$结算工程竣工造价=建筑面积×每平方米单方造价 \quad (7.2)$$

(3)工程结算的编制方法　工程竣工结算的编制,因承包方式的不同而有所差异,其结算方法均应根据各省市建设工程造价(定额)管理部门和施工合同管理部门的有关规定办理工程结算,下面介绍几种不同承包方式在办理结算中一般发生的内容。

①采用招标方式承包工程。

这种工程竣工结算原则上应以中标价(议标价)为基础进行,由于我国社会主义市场经济体制未完全形成,正在由计划经济体制向市场经济体制过渡。因此,工程中诸多因素不能反映在中标价格中,这些因素均应在合同条款中明确。如工程有较大设计变更、材料价格的调整、合同条款规定通常允许调整的、或当合同条文规定不允许调整但非建筑企业原因发生中标价格以外的费用时,承包双方应签订补充合同或协议,承包方可以向发包方提出工程索赔,作为结算调整的依据。施工企业在编制竣工结算时,应按本地区主管部门的规定,在中标价格基础上进行调整。采用招标(或议标)方式承包工程的结算方法是普遍的常用方法。

②采用施工图预算加增减账方式。

以原施工图预算为基础,对施工中发生的设计变更、原预算书与实际不相符、经济政策的变化等,编制变更增减账,即在施工图预算的基础上作增减调整。

编制竣工结算的具体增减内容,有以下几个方面:

a. 工程量量差。

工程量量差,是指施工图预算所列分项工程量与实际完成的分项工程量不相符而需要增加或减少的工程量。一般包括:

设计变更。

工程开工后,建设单位提出要求改变某些施工做法。如原设计为水泥地面改为现浇水磨石地面,增减某些具体工程项目。

设计单位对原施工图的完善。如有些部位相互衔接而发生量的变化。

施工单位在施工过程中遇到一些原设计未预料的具体情况,需要进行处理。

对于设计变更经设计、装饰装修单位(或监理单位)、施工企业三方研究、签证、填写设计变更洽商记录,作为结算增减工程量的依据。

工程施工中发生特殊原因与正常施工不同,经建设(或监理)单位同意、签证后,作为工程结算的依据。

施工概预算分项工程量不准确。在编制工程竣工结算前,应结合工程竣工验收,核对实际完成的分项工程量。如发现与施工图预算书所列分项工程量不符时,应进行调整。

b. 各种人工、材料、机械价格的调整。

在工程结算中,人工、材料、机械费差价的调整办法及范围,应按当地主管部门的规定办理。

人工单价调整。在施工过程中,国家对工人工资政策调整或劳务市场工资单价变化,一般按文件公布执行之日起的未完施工部分的定额工日计算,有三种方法进行调整。

按预算定额分析的人工工日乘以人工单价的差价。

按预算定额分析的工人费乘以系数。

按预算定额编制的直接费为基数乘以主管部门公布的季度或年度的综合系数一次调整。

材料价格的调整。概预算定额中材料的基价表示一定时限的价格(静态价)在施工过程中,价格在不断地变化,对于市场不同施工期的材料价格与定额基价的差价,按与其相应的材料量进行调整。调整的方法有两种。

对于主要材料,分规格、品种以定额的分析量为准,定额量乘以材料单位价差即为主要材料的差价。市场价格以当地主管部门公布的指导价为准。

对于辅助(次要)材料,以预算定额编制的直接费乘以当地主管部门公布的调价系数。

造价管理部门根据市场价格变化情况,将单位工程的工期与价格调整结合起来,测定综合系数,并以直接费为基数乘以综合系数。该系数一个单位工程只能使用一次,使用的时间为按国家或地方制定的工期定额计算的工程竣工工期。

机械价格的调整。

采用机械增减幅度系数。一般机械价格的调整是按预算定额编制的直接费乘以规定的机械调整综合系数。或以预算定额编制的分部工程直接费乘以相应规定的机械调整系数。

采用综合调整系数。根据机械费增减总价,由主管部门测算,按季度或年度公布综合调整系数,一次进行调整。

c. 各项费用调整。

间接费、计划利润及税金是以直接费(或定额人工费总额)为基数计取的。随着人工费、材料费和机械费的调整,间接费、计划利润及税金也同样在变化,除了间接费的内容发生较大变化外,一般间接费的费率不作变动。

各种人工、材料、机械价格的调整后在计取间接费、计划利润及税金方面有两种方法。

各种人工、材料等差价,不计算间接费和计划利润,但允许计算税金。

将人工、材料、机械的差价列入工程成本计取间接费、计划利润及税金。

③采用施工图预算加包干系数或平方米造价包干的方式。

采用施工图预算加包干系数或平方米造价包干方式的工程结算,一般在承包合同中已分清了承、发包单位之间的义务和经济责任,不再办理增减调整。工程竣工后,仍以原预算加系数或平方米造价包干进行结算。对于上述承包方式,必须对工程施工期内各种价格进行预测,获得一个综合系数,即风险系数。这种做法对承包或发包方均具有较大的风险性,一般只适用于建筑面积较小、结构简单、工期短的工程。对工期较长、结构类型复杂、材料品种多等的工程不宜采用这种方法。

7.4.2 竣工决算

竣工决算又称竣工成本决算。分为施工企业内部单位工程竣工决算和基本建设项目竣工决算,现分述如下。

1. 单位工程竣工成本决算

它是指施工企业内部,以单位工程为对象,以工程竣工后的工程结算为依据,通过实际工程成本分析,为核算一个单位工程的预算成本、实际成本和成本降低额而编制的单位工程竣工成本决算。企业通过内部成本决算,进行实际成本分析,评价经营效果,以利总结经验,不断提高企业经营管理水平。

2. 基本建设项目竣工决算

它是由建设单位在整个建设项目竣工后,以建设单位自身开支和自营工程决算及承包工程单位在每项单位工程完工后向建设单位办理工程结算的资料为依据进行编制的。反映整个建设项目从筹建到竣工验收投产的全部实际支出费用。即建筑工程费用、安装工程费用、设备、工器具购置费用和其他费用等。

基本建设竣工决算,是基本建设经济效果的全面反映,是核定新增固定资产和流动资产价值,办理交付使用的依据。通过编制竣工决算,可以全面清理基本建设财务,做到工完账清,便于及时总结基本建设经验,积累各项技术经济资料,提高基建管理水平和投资效果。

竣工决算按大、中型建设项目和小型建设项目编制。大、中型建设项目的竣工决算内容包括:竣工工程概况表、竣工财务决算表、交付使用财产总表、以及交付使用财产明细表。小型建设项目竣工决算内容包括:小型建设项目竣工决算总表和交付使用财产明细表。

表格的详细内容及具体做法按地方基建主管部门的规定填报。

竣工决算必须内容完整、核对准确、真实可靠。

参 考 文 献

[1] 建设部. 建设工程工程量清单计价规范 GB 50500—2008[S]. 北京:中国计划出版社,2008.
[2] 建设部. 全国统一建筑工程基础定额(土建) GJD—101—1995[S]. 北京:中国计划出版社,1995.
[3] 建设部. 全国统一建筑装饰装修工程消耗量定额 GJD—901—2002[S]. 北京:中国建筑工业出版社,2002.
[4] 田永复. 编制装饰装修工程量清单与定额[M]. 北京:中国建筑工业出版社,2004.
[5] 李文利. 建筑装饰工程概预算[M]. 北京:机械工业出版社,2003.
[6] 许焕兴. 工程造价[M]. 大连:东北财经大学出版社,2003.
[7] 许焕兴. 新编装饰装修工程预算[M]. 北京:中国建材工业出版社,2005.
[8] 沈祥华. 建筑工程概预算[M]. 武汉:武汉理工大学出版社,2003.
[9] 邢莉燕. 工程量清单的编制与投标报价[M]. 济南:山东科学技术出版社,2004.
[10] 赵延军. 建筑装饰装修工程预算[M]. 北京:机械工业出版社,2003.
[11] 马维珍. 工程计价与计量[M]. 北京:清华大学出版社,2005.
[12] 王朝霞. 建筑工程定额与计价[M]. 北京:中国电力出版社,2004.